KB139619

나만의 투자 전략으로 수익을 내는

비트코인 선물거래
자동매매 시스템

with 바이낸스 ──────

나만의 투자 전략으로 수익을 내는

비트코인 선물거래
자동매매 시스템 with 바이낸스

초판 1쇄   2022년 12월 16일

지은이 멀티코어, 강장묵, 김남준, 윤철희
발행인 최홍석

발행처 ㈜프리렉
출판신고 2000년 3월 7일 제 13-634호
주소 경기도 부천시 길주로 77번길 19 세진프라자 201호
전화 032-326-7282(代) **팩스** 032-326-5866
URL www.freelec.co.kr

편   집 고대광, 안동현
디자인 황인옥

ISBN 978-89-6540-346-3

이 책에 대한 의견이나 오탈자, 잘못된 내용의 수정 정보 등은 프리렉 홈페이지(freelec.co.kr)
또는 이메일(help@freelec.co.kr)로 연락 바랍니다.

나만의 투자 전략으로 수익을 내는

비트코인 선물거래
자동매매 시스템

with 바이낸스

멀티코어
강장묵·김남준
윤철희

지음

공포와 욕심에
맞서 시간과 비용을
절약하는 합리적
투자 방법

프리렉

차례

필자는 지금도 비트코인 선물거래 알고리즘 트레이딩 프로그램(트레이딩 봇)을 개발하는 중이다. 많은 시행착오를 겪었으며, 몇 번의 계좌청산도 경험했다. 필자뿐 아니라 지금 이 시간에도 자신만의 트레이딩 봇을 개발하거나 개발하고 싶어하는 사람이 있으리라 생각한다. 처음부터 시행착오를 본인 혼자서 겪지 말고 이 책을 통해 필자가 과거에 지불했던 시간과 비용을 절약했으면 하는 것이 바람이다.

## 1 장

트레이딩
프로그램을
개발하기에 앞서

알고리즘 트레이딩을 이용한
암호화폐 선물투자의 장점

알고리즘 트레이딩은 짧은 기간에 쉽게 개발하기 어렵다는 단점이 있지만, 직접 투자하는 것에 비해 많은 장점이 있다.

먼저, **감정과 욕심에 휘둘리지 않고 합리적으로 투자**할 수 있다. 주식 투자 과정에서 매수한 주식이 떨어질 때는 더 떨어질 것 같은 생각이 들고, 주식이 오를 때는 계속 오를 것만 같은 것이 사람의 심리이다. 매수한 주식이 급등할 때 수익률을 극대화하고자 많은 사람이 추격 매수를 하곤 하는데, 대부분 고점인 경우가 많다. 결국, 성공하려면 자신의 욕망을 통제하는 투자가 필요하다. 알고리즘 트레이딩을 이용해 거래하면 프로그램에 설정한 규칙에 따라 자동으로 매매와 매수가 이루어지므로 심리적 영향과 압박에서 벗어날 수 있다. 게다가 시간도 자유롭다.

트레이딩 프로그램은 **24시간 365일 일하는 충실한 직원**이다. 다른 알고리즘을 사용하거나 다양한 자산에 투자하기 위해서 직원을 더 고용해야 하는 것이 아니라 기존 프로그램을 복제해서 약간의 내부 논리(logic)만 수정하면 된다. 우수한 트레이딩 봇은 지시를 잘 따르는 유능한 직원이 된다.

트레이딩 프로그램으로 거래하려는 **암호화폐는 분석할 대상이 되는 기초자산이 없어 거래 데이터의 영향력이 절대적**이다. 이와 달리 주식은 분기별 실적, 연관 산업의 전망, 국가의 정책, 사채의 발행, 유상증자와 같이 시장 변화와 외부적 요소에 등락이 영향을 많이 받는다. 암호화폐 거래에서 투자자가 참고할 수 있는 것은 모두 볼 수 있는 거래 데이터뿐이다. 달리 말하면, 이 데이터를 기초로 트레이딩 알고리즘만 잘 개발한다면 수익을 낼 가능성이 다른 자산보다 훨씬 높다.

이 책에서는 암호화폐를 실시간 거래하지 않고 선물거래를 이용한다. 왜일까? **선물은 하락장과 상승장 모두 수익을 거둘 수 있는 장점**이 있기 때문이다. 앞으로 살펴보겠지만, 선물은 자산 가격의 상승과 하락에 모두 베팅할 수 있다. 다른 자산은 매수한 자산 가격이 상승할 때만 수익을 낼 수 있지만, 선물은 하락장에서도 수익을 낼 수 있다.

집필 목적

이 책은 앞서 언급한 알고리즘 트레이딩의 장점을 독자가 더 쉽게 활용할 수 있도록 하고자 기획했다. 좀 더 구체적으로 다음과 같은 세 가지 기획 의도를 바탕으로 집필하였다.

첫째, 알고리즘 트레이딩에 필요한 선행 지식을 전달하는 것을 목표로 한다. 알고리즘 트레이딩 도서 대부분이 오픈 API를 활용한 트레이딩 프로그램 구현에 목적을 두지만, 이 책에서는 기술 지표가 무엇이고 데이터를 이용해 어떻게 만드는지, 그리고 프로그램에서는 어떤 방식을 사용하는지를 단계적으로 설명한다.

둘째, 알고리즘 트레이딩 프로그램의 개발 시간을 단축하는 것을 목표로 한다. 이 책에서 제공하는 트레이딩 프로그램은 확장성을 고려해서 설계했다. 제공하는 예제를 이해한다면 자신만의 알고리즘을 더 쉽게 프로그램으로 구현할 수 있을 것이다.

셋째, 성능 향상을 위한 아이디어를 제공하는 것을 목표로 한다. 알고리즘의 성능을 향상하여 실전에서 수익을 내려면 이 책에서 다루는 내용 이상으로 자신만의 연구와 함께 기술적 분석 이론과 지표에 대한 지식도 중요하다. 또한, 프로그램을 튜닝하고 시계열 데이터 분석 기법과 인공지능 기술과 같은 진보된 기술의 활용도 필요하다. 이 책은 관련 정보를 제공하고 어떤 방향으로 지식을 뻗어 나가야 하는지 그 방향성을 제시한다.

누구에게 적합한 책인가?

누구나 이 책을 읽고 자신의 선물투자에 활용할 수 있지만, 특히 다음과 같은 사람에게 추천하는 바이다.

먼저 **파이썬 기본 문법을 아는 사람**에게 추천한다. 파이썬 문법을 모르는 사람이라면 데이터 분석에 필요한 기본적인 파이썬 문법을 먼저 공부하길 바란다. 파이썬도 다른 프로그래밍 언어처럼 활용 분야가 다양하지만, 이 책을 읽으려면 최소한 데이터 분석과 관련된 지식은 있어야 한다.

다음으로, **데이터를 다루기 좋아하는 사람**이면 더 효율적으로 활용할 수 있다. 이 책에서 기본으로 제공하는 트레이딩 알고리즘을 개선하려면 다양한 기술 지표를 활용해서 과거 데이터에 대해 관점을 바꿔가며 반복해서 테스트해야 한다. 이런 과정에서 가장 많이 사용하는 것이 바로 데이터를 다루는 기술이다.

마지막으로 트레이딩 프로그램을 활용해서 새로운 수익 모델을 개발하고자 하는 **열정 가득한 사람**이다. 수익이 나는 알고리즘을 개발하기까지는 많은 시간과 노력이 필요하다. 다양한 지표, 다양한 데이터, 다양한 기법을 반복적으로 사용하면서 차츰 알고리즘을 개선해야 한다. 이런 지루하고 고단한 과정을 기꺼이 헤쳐갈 열정이 있어야 한다.

이 책의 특징

이 책에는 다음과 같은 다섯 가지 특징이 있다.

첫째, 선물의 개념부터 시작해 단계적으로 관련 지식을 설명한다. 선물이 무엇이고, 선물 트레이딩에 어떤 장점이 있는지, 그리고 선물에서 사용하는 기본 용어와 기법을 처음부터 하나씩 설명한다.

둘째, 기술적 분석에 필요한 기초 이론을 설명한다. 기술적 분석 이론과 지표는 과거로부터 쌓아온 인류의 유산이다. 이들을 활용해서 지금까지 부를 일군 사람이 많으며, 여러 기업이 성장했다. 알고리즘 트레이딩은 무에서 유를 창조하는 과정이 아니라 천재들이 이미 만들어 놓은 자산들을 활용해서 나만의 시스템을 구축하는 과정이다.

셋째, 바이낸스 거래 화면부터 오픈 API 활용 방법까지 친절하게 설명한다. 바이낸스 (binance.com)는 세계 최대의 암호화폐 거래소이며 다양한 투자 상품을 제공하는 사이트이다. 이 책에서 제공하는 알고리즘 트레이딩 프로그램은 바이낸스 오픈 API에 기초한다. 따라서 프로그램을 개발하려면 먼저 바이낸스 거래 화면을 어떻게 사용하는지 이해해야 한다.

넷째, 실용적 백테스트 기법을 설명한다. 선물거래의 장점은 단수 매수/매도뿐 아니라 이익 실현(take profit)과 손실 최소화(stop loss)를 자동으로 구현할 수 있다는 것이다. 이 책에서 제공하는 이런 모든 기법을 과거 데이터를 이용한 백테스트로 구현한다.

다섯째, **확장 가능한 트레이딩 봇 샘플을 제공**한다. 이 책에서 제공하는 트레이딩 봇 예제는 실전에서 매매가 가능할 뿐만 아니라 나만의 프로그램으로 쉽게 확장할 수도 있다. 다양한 기술 지표를 내장하며 튜닝 가능한 인수는 별도로 분리하였다.

이 책의 구성

이 책은 다음과 같은 내용으로 구성된다.

'선물거래 기초 지식' 장에서는 일본 에도 시대에 있었던 쌀 선물 개념부터 시작해서 선물거래 수수료, 레버리지, 포지션과 마진의 개념, 청산 가격까지 선물을 이해하는 데 꼭 필요한 이론을 설명한다.

'기술적 분석 이론'과 **'기술적 분석 지표'** 장에서는 트레이딩 알고리즘을 개발하는 데 필수인 기초 이론을 설명한다. 다우 이론, 엘리엇 파동이론, 와이코프 방법 등 기술적 분석 이론과 추세, 지지선과 저항선, 다이버전스, 오실레이터와 같은 기본 용어를 설명한다. 또한, 이동평균(MV), 이동평균수렴·확산지수(MACD), 상대강도지수(RSI), 스토캐스틱 RSI(StochRSI), 볼린저밴드(Bollinger Bands), 거래량 가중평균가격(VWAP), 파라볼릭 SAR(PSAR), 피보나치 되돌림 등 시장의 모멘텀과 과매수/과매도를 판단할 수 있는 지표를 설명한다.

'바이낸스 입문하기'와 **'바이낸스 선물 화면 살펴보기'** 장에서는 낯선 바이낸스 사이트와 메뉴 사용에 쉽게 적응할 수 있도록 계좌 개설하기, 코인 구매, 코인 전환과 전송, 상품 종류, 지갑의 개념, 포지션 모드, 마진 개념, 주문 방식에 대해 설명한다. 또한, 바이낸스 선물 트레이딩의 복잡한 화면을 관점별로 구별해 기능과 사용법을 설명한다.

'개발 환경 설정하기'와 **'판다스 기본 기능'** 장에서는 알고리즘 트레이딩 프로그램을 개발하는 데 필요한 프로그램을 설치하고 개발 도구를 어떻게 사용하는지 설명한다. 이와 함께 데이터 분석과 활용에 핵심적인 도구인 판다스를 쉽게 다룰 수 있도록 한다.

'데이터 수집하기' 장에서는 알고리즘 개발의 핵심이 되는 1분 거래 데이터를 바이낸스 사이트에서 어떻게 자동으로 수집하는지 설명하고 파일로 저장하는 방법을 알아본다.

'기술 지표 프로그래밍' 장에서는 암호화폐 선물 알고리즘 트레이딩에서 많이 활용하는 기술 지표를 수집한 데이터를 활용해서 계산하는 방법을 설명한다. 기술 지표를 쉽게 계산할 수 있도록 지원하는 TA(technical analysis) 패키지를 활용한다.

'바이낸스 오픈 API' 장에서는 바이낸스에서 제공하는 오픈 API의 기능을 전체적으로 살펴보고 직접 코딩하면서 다양하게 매매와 조회 기능을 테스트해 본다.

'거래 전략과 백테스트' 장에서는 대표적인 거래 전략인 추세 추종 전략과 역추세 전략을 알고리즘으로 구현하고 수집한 데이터를 활용해서 수익을 낼 수 있는지 가상으로 테스트해 본다.

'트레이딩 봇 구현하기' 장에서는 트레이딩에 사용하는 데이터 수집, 기술 지표 계산, 기타 공통 기능을 재활용 가능한 모듈로 구현하고 역추세 전략을 이익 실현 주문과 손실 최소화 주문을 활용해서 구현한다.

주의할 점

이 책으로 알고리즘 트레이딩을 공부할 때는 다음과 같은 점에 주의해야 한다.

첫째, 충분한 테스트 후 점진적으로 투자 자산을 늘려야 한다. 이 책에서 제공하는 트레이딩 봇을 사용해서 일정 기간 수익이 발생할 수 있고 독자 자신이 개선한 프로그램으로 수익을 낼 수도 있다. 하지만, 시장 상황이 바뀌면 수익이 나던 트레이딩 모델에서 곧바로 손실이 발생할 수 있다. 그러므로 최소 3개월 이상 충분한 실전 경험을 쌓은 후 투자 자산을 늘려가는 것을 추천한다.

둘째, 1회 5,000달러(연 5만 달러)를 초과하는 송금은 외환관리법에서 불법이다. 수익 나는 모델을 만들었다고 해서 한꺼번에 많은 금액을 이체하지 말고 국내법이 허락하는 범위에서 나누어서 송금해야 한다.

셋째, 계좌 잔고가 5억 이상이면 해외금융계좌 신고를 해야 한다. 아직은 먼 이야기일 수도 있지만, 2022년부터 계좌 잔고가 5억 이상으로 늘면 해외금융계좌를 신고해야 하므로 자신의 계좌가 이 금액 이상이라면 꼭 신고하자.

본업 이외에 자산을 불리는 방법은 여러 가지이다. 대표적으로 부동산과 주식이 있지만, 부동산은 목돈이 필요하고 주식은 성공 확률이 높지 않다. 요즘 많은 사람이 코인에 투자하지만, 이것마저도 하락장으로 바뀌면 손실을 피할 수 없다. 비트코인

(암호화폐) 선물 알고리즘 트레이딩은 하락장에서도 수익을 낼 수 있다는 장점이 있고 데이터와 프로그래밍에 익숙한 사람이라면 자신이 가진 지식을 활용해서 또 다른 수익원을 창출할 수도 있다. 이런 열망을 가진 분이 수익이 나는 프로그램을 개발하는 데 필요한 시간을 줄일 수 있기를 바라며 이 책을 기획했다.

선물거래 알고리즘 트레이딩 프로그램을 개발하기 전에 선물거래에서 선물이 무엇인지 그리고 이 분야에서 사용하는 용어에는 어떤 것이 있으며 의미는 무엇인지 먼저 살펴보도록 하자. 선물이라는 용어를 들어 보기는 했지만, 막상 선물의 작동 원리와 거래 방식까지 아는 사람은 많지 않다.

## 2 장

선물거래
기초 지식

선물거래 기본 개념

선물거래의 사전적 의미는 '미래의 일정한 시점에, 특정 상품을 일정 수량, 미리 약정한 가격으로 매매하기로 맺은 계약'이다. 놀랍게도 이런 선물거래가 처음 시작된 곳은 서구가 아닌 바로 일본이다.

에도 시대에 쌀은 가장 중요한 물품이었다. 식량 자원인 동시에 다른 물건과 거래하기 위한 기초자산 역할도 했다. 이렇게 주요 자산인 쌀에 대한 거래가 활발해지다 보니 이를 통한 이익을 극대화하려는 상품이 생겨났는데, 그것이 바로 쌀 선물이었다. 1600년대 오사카는 일본 상업과 정치의 중심지였다. 각 지방(번)에서 올라온 쌀이 창고마다 가득 쌓였고 이 쌀을 관리하는 번 소속 관리가 상주했다. 번에서는 오사카에 모아 놓은 쌀로 중앙정부(막부)에 세금을 내거나 번에 필요한 물품을 구매하였다.

하지만, 거리가 멀리 떨어진 지방에서 오사카로 쌀을 옮기다 보니 수송 시간이 오래 걸리는 단점이 있었다. 쌀을 생산하는 시점에 높았던 가격이 오사카에 도착하는 시점에는 폭락하기가 일쑤였다. 지방정부를 운영하는 쪽에서는 이러한 위험을 최소화할 방법이 필요했고, 상인 또한 몇 주 혹은 몇 달 후의 가격을 미리 예측해서 더 싼 가격에 쌀을 매수하고자 하는 욕구가 생겼다. 지방정부와 오사카 쌀 상인의 이해가 맞아떨어지면서 쌀 선물거래가 태동했다. 1710년에 드디어 도지마 쌀 시장에서 근대적인 선물거래가 시작되면서 본격적인 선물거래 시대가 도래했다.

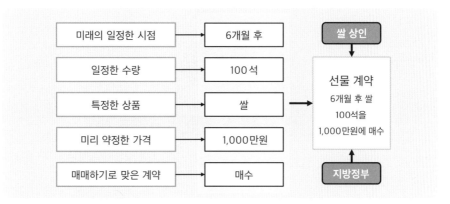

| 그림 2-1 | 쌀 선물 계약

쌀 선물 계약 사례를 살펴보자. 쌀 상인과 지방정부 간에 '6개월 후 쌀 100석을 1,000만 원에 매수'하기로 선물 계약을 맺었다고 가정해 보자. 그럼 지방정부는 쌀을 수확하고 배에 실어서 6개월 후에 오사카로 가져올 것이다. 그때 쌀 시세가 3,000만 원으로 폭등했다면 쌀 100석을 1,000만 원에 산 쌀 상인은 2,000만 원의 이익을 볼 것이고, 지방정부는 2,000만 원의 손해를 볼 것이다.

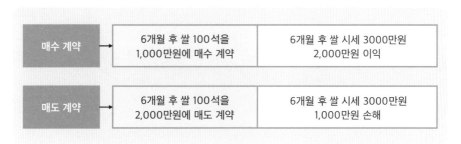

| 그림 2-2 | 선물 계약 이익 계산

거액을 거머쥔 쌀 상인 A는 다른 선물 계약을 한다. '6개월 후 쌀 100석을 2,000만 원에 매도'하기로 다른 쌀 상인 B와 계약을 한다. 6개월 후에 쌀 가격이 3,000만 원으로 뛰었다면 상인 A는 3,000만 원에 쌀을 사서 상인 B에게 2,000만 원을 받고 팔아야 한다. 이전 선물거래와 달리 이번에는 1,000만 원의 손해를 본 것이다.

왜 선물거래를 해야 하는가?

암호화폐 시장에는 크게 두 가지 거래 방식이 있다. 잘 아는 **현물거래**가 있고 이 책에서 다루는 **선물거래**가 있다. 현물거래는 주식과 마찬가지로 상품인 암호화폐를 사고파는 것이다. 비트코인, 이더리움, 리플 등의 코인이 현물에 해당한다. 이와 비교해서 선물거래는 약정한 가격에 암호화폐를 매도 또는 매수 계약을 하는 것이다.

| 그림 2-3 | 하락장에도 수익 가능

선물거래에서는 팔기로 약속하는 매도 계약을 할 수도 있고 사기로 약속하는 매수 계약을 할 수도 있다. 매도 계약은 현물 가격이 내려가면 수익을 내고 매수 계약은 현물 가격이 올라가면 수익을 낸다. 즉, 선물거래는 현물 가격이 내려가거나 올라갈 때 모두 수익을 낼 수 있다.

암호화폐 시장은 다른 시장과 마찬가지로 상승과 하락을 반복한다. 어떤 때는 시장이 장밋빛이라 가격이 한없이 오르다가도 어떤 때는 시장에 비관론이 팽배하여 가격이 바닥을 모르고 추락한다. 현물에 투자한다면 코인 가격이 바닥일 때를 기다렸다가 저가에 매수하고 목표 가격에 이를 때까지 기다렸다가 매도할 것이다. 하지만, 선물에 투자한다면 코인 가격이 내려갈 때는 매도 계약을 하고 코인 가격이 올라갈 때는 매수 계약을 하면 된다. 즉, 상승장과 하락장 모두 수익을 낼 수 있다.

| 그림 2-4 | 바이낸스 선물거래 수수료

또 하나 바이낸스 선물거래는 수수료가 낮다는 장점이 있다. 국내 암호화폐 거래소인 업비트와 빗썸의 최저 수수료는 각각 0.04%와 0.05%이다. 하지만, 바이낸스 선물거래 수수료는 0.018%와 0.036%이다. 수수료에서 **메이커(Maker)는 시장가로 매매하는 것이고 테이커(Taker)는 지정가로 매매하는 것이다.** 선물거래 알고리즘 트레이딩은 짧게는 몇 초에서 길게는 몇 분 사이에 거래가 성사된다. 이렇듯 빈번하게 거래가 체결

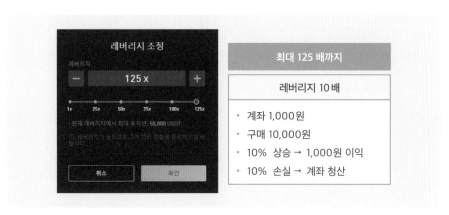

[그림 2-5] 바이낸스 레버리지

되기 때문에 거래수수료가 낮다는 것은 커다란 장점이다.

바이낸스 선물거래에서 또 하나의 장점은 바로 최대 125배까지 레버리지를 사용할 수 있다는 것이다. 레버리지란 지렛대라는 뜻으로, 적은 돈으로 수익을 극대화한다는 의미에서 이 용어를 사용한다. 예를 들어, 10배의 레버리지를 사용한다면 1,000원의 돈으로 최대 10,000원의 자산을 구매할 수 있다. 자산 가격이 10% 상승하면 1,000원 즉 100% 수익을 올릴 수 있다. 반대로 10% 하락할 때 계좌는 0원이 되어 청산될 수 있으므로 레버리지 사용은 신중해야 한다.

레버리지를 사용하면 다양한 트레이딩 전략을 구사할 수 있다. 1,000원짜리 매도와 매수 계약을 동시에 한다면 2,000원이 있어야 하지만 레버지리를 사용하면 1,000원만 가지고도 두 계약을 체결할 수 있다. 매도와 매수 계약을 동시에 진행한다면 상승과 하락에 대한 위험이 서로 상쇄되기 때문에 레버리지 사용 위험이 줄어든다. 이런 전략을 가지고 선물거래 알고리즘을 구현하면서 레버리지를 적절히 활용한다면 더 고수익을 내는 프로그램을 개발할 수 있다.

무기한 선물과 포지션

앞에서 선물에 대한 매도계약과 매수계약을 알아봤다. 이제부터는 무기한 선물 계약이 무엇인지 알아보고 바이낸스 선물거래에서 사용하는 용어에 좀 더 익숙해지는 시간을 갖도록 하자. 마지막으로 바이낸스 거래소에서 제공하는 무기한 선물에 대해 알아보도록 한다.

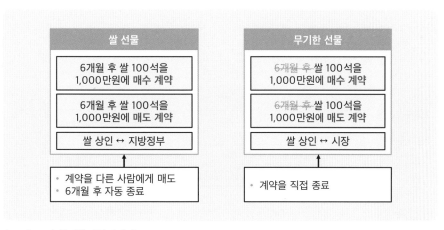

| 그림 2-6 | 무기한 선물의 개념

무기한 선물의 개념을 살펴보기 전에 쌀 선물의 개념을 다시 한번 살펴보자. 쌀 상인 A가 6개월 후 쌀 100석을 1,000만 원에 매수하는 선물 계약을 지방정부와 체결했다

고 가정해 보자. 하지만, 쌀 상인 A는 1개월이 지난 시점에서 처음 생각과는 달리 아무래도 쌀값이 떨어질 것 같다는 불길한 예감이 든다. 쌀 상인 A에게는 두 가지 선택지가 있다. 하나는 다른 쌀 상인에게 선물 계약을 넘기는 것이다. 물론 돈을 좀 더 받을 수도 있고 아니면 할인해 줄 수도 있다. 다른 하나는 불길한 예감을 뒤로하고 처음 생각과 같이 5개월을 더 기다린 뒤 6개월이 되는 시점에서 계약과 같이 1,000만 원에 쌀 100석을 그대로 매수하는 것이다.

반면에 무기한 선물은 쌀 선물의 6개월 기간과 달리 약정된 기간이 없다. 그냥 쌀 100석을 1,000만 원에 매수한다는 계약만 하는 것이다. 누구와 하느냐면 바로 시장과 한다. 시장은 쌀도 많고 돈도 많으므로 쌀 상인 A가 언제든지 계약을 종료하고 싶다면 시장은 바로 요청을 받아준다.

쌀 상인 A가 10일이 지나서 쌀 가격이 1,200만 원으로 올라 계약을 종료하고 싶다면 시장은 바로 쌀 상인 A에게 1,000만 원을 받고 쌀 100석을 내어 준다. 쌀 상인 A는 이 쌀을 다시 팔아 1,200만 원을 받을 수 있다. 즉 200만 원의 수익이 생기는 것이다. 더 나아가 시장은 쌀 상인 A가 돈을 좀 더 편리하게 벌 수 있도록 쌀을 전달하지 않고 바로 1,200만 원을 내어줄 수도 있다.

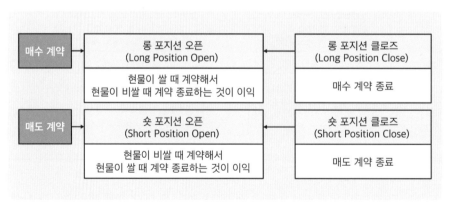

| 그림 2-7 | 선물 포지션

이제 쌀 시장에서 벗어나 암호화폐 선물 시장의 용어를 알아보자. 이 시장에서 매수 계약은 다른 말로 **롱 포지션 오픈**(Long Position Open)이라 하고 매도 계약은 **숏 포지션 오픈**(Short Position Open)이라 한다. 계약 종료는 **포지션 클로즈**(Position Close)라 한다. 앞으로 매수 선물 계약을 체결하는 것을 "롱 포지션을 오픈한다."라고 표현하고 매수 선물 계약을 종료하는 것은 "롱 포지션을 클로즈한다."라고 표현하겠다.

| 그림 2-8 | 바이낸스 무기한 선물

이제 바이낸스 무기한 선물에서 롱 포지션이 어떻게 동작하는지 알아보자.

(1) 지점에서 롱 포지션을 35,437 가격에 오픈했다면 보유 포지션 항목에 롱 포지션이 하나 생긴다. 자산 가격이 등락을 거듭하다가 충분히 올랐다고 판단되는 (2) 지점에서 포지션을 35,750 가격에 클로즈하면 (3) 수익 313이 선물 지갑에 입금되고 보유 포지션 항목에서 롱 포지션은 사라진다.

숏 포지션도 마찬가지이다. 자산 가격이 하락할 때 수익을 낼 수 있으므로 고점이라고 판단되는 지점에서 숏 포지션을 오픈하고 저점일 때 숏 포지션을 클로즈한다. 숏 포지션을 클로즈할 시점에 자산 가격을 산정해서 하락한 만큼 수익으로 잡아 선물 지갑에 입금된다.

마진과 청산 가격

마진과 청산 가격에 대해 알아보기 전에 먼저 **레버리지**(Leverage) 개념을 다시 한번 살펴보자. 레버리지는 앞에서 설명했듯이 가진 돈보다 많은 계약을 할 수 있도록 하는 기능이다. 1,000원으로 10,000원가량의 롱 포지션을 오픈했을 때 사용한 레버리지는 10배이다. 바이낸스는 1배에서 125배까지의 레버리지를 제공하므로 레버리지가 클수록 고수익을 낼 수 있지만, 위험도 그만큼 커진다.

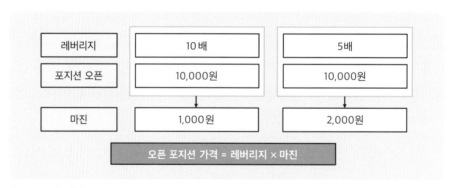

| 그림 2-9 | 마진

마진(Margin)은 증거금이라고도 하는데, 포지션을 오픈할 때 최소로 보유해야 하는 현금을 말한다. 마진은 레버리지와 깊은 연관이 있다.

레버리지를 10배로 설정해 10,000원의 포지션을 오픈하려고 할 때 계좌에는 증거금,

즉 마진으로 1,000원이 선물 지갑에 있어야 포지션을 오픈할 수 있다. 레버리지를 5배로 설정해 10,000원의 포지션을 오픈하려면 마진은 2,000원이 필요하다. 이처럼 레버리지를 크게 설정하면 할수록 필요한 마진이 줄어들므로 적은 돈으로도 큰 포지션을 오픈할 수 있다.

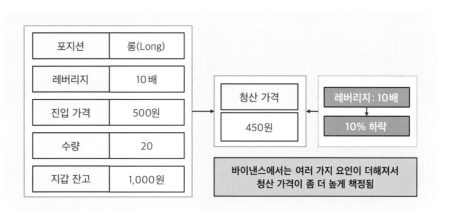

| 그림 2-10 | 청산 가격

롱 포지션의 경우 자산 가격이 예상과 달리 하락하여 그 하락 금액이 마진보다 커지면 포지션이 강제로 청산된다. 이렇게 되면 선물 지갑에 있는 돈은 0이 되고 오픈한 포지션은 강제로 종료된다. 이 시점의 가격을 **청산 가격**(Liquidation Price)이라 한다.

청산 가격은 레버리지를 크게 설정할수록 높아진다. 예를 들어 롱 포지션에서 레버리지를 10배로 설정했다면 가격이 10%만 하락(숏 포지션의 경우 10% 상승)해도 포지션이 강제로 종료된다. 이 때문에 고수익을 목적으로 큰 레버리지를 사용하는 것에는 매우 신중해야 한다. 반드시 자신의 투자 전략에 맞는 레버리지를 정교하게 산정해서 사용해야 한다.

알고리즘 트레이딩을 공부하기 전에 먼저 살펴봐야할 것인 바로 기술적 분석 지표와 기술적 분석이론이다. 기술적 분석 지표는 트레이딩 알고리즘을 개발하기 위한 기초 자료를 제공하고, 기술적 이론은 기술적 분석 지표를 해석하기 위한 기본 틀을 제공한다.

기술적 분석 지표에 대해 알아보기 전에 먼저 기술적 분석 이론을 살펴보자. 시장에는 다양한 이론이 있지만, 암호화폐 시장에서 많이 사용하는 다우 이론, 엘리엇 파동이론, 와이코프 방법 등 세 가지 이론을 중심으로 알아보도록 하자.

각 이론을 제대로 습득하려면 이론별로 책을 하나씩 사서 공부해야 한다. 그만큼 내용이 방대하고 이해하기가 어렵다. 하지만, 이 책에서는 이론을 깊이 공부하기보다는 기술적 분석의 바탕을 이루는 철학이 무엇인지 알아보는 정도로 각 이론을 소개하겠다.

실제 알고리즘 트레이딩 분야에서는 기술적 분석 지표를 코드로 구현하고 이에 자신이 도출한 방법론을 더해 트레이딩 봇을 개발한다. 실전에서 기술적 분석 이론을 직접 활용하지는 않는다. 하지만, 다양한 기술적 분석 지표를 엮어서 자신만의 트레이딩 알고리즘을 개발하려면 해석하고 활용하는 능력이 있어야 한다. 기술적 분석 이론은 이러한 기본적인 사고의 틀을 제공하므로 살펴볼 필요가 있다.

기술적
분석 이론

3장

기본적 분석과 기술적 분석

기본적 분석(Fundamental Analysis)은 자산의 내재 가치를 평가하는 기법이다. 트레이더는 기본적 분석을 통해 자산이 과대평가 또는 과소평가되어 있음을 판단하고 매수 또는 매도를 결정한다.

기본적 분석	기술적 분석
기업의 내재 가치 평가와 시장과 산업 분석	자산 가격과 거래량의 움직임 자체만을 연구
중장기적 관점	단기적 관점
가치투자	단기 트레이딩
주식	주식, 비트코인

| 그림 3-1 | 기본적 분석과 기술적 분석

일반적으로 자산 시장에서 기본적 분석은 기업의 내재 가치 평가와 시장과 산업 분석으로 구성된다. 기업의 내재 가치 평가는 경영자의 능력, 대차대조표, 재무제표, 현금 흐름, 기술력, 제품 경쟁력 등을 대상으로 평가한다. 시장과 산업 분석은 회사가 속한 산업, 사회/경제/정치적 요인, 금리, 수출입, 물가 등 다양한 요소를 관찰한다.

이는 기초자산이 있는 파생상품이나 주식 시장에서 가능한 분석 기법이다. 주식 투자의 대가 워런 버핏은 기본적 분석을 바탕으로 기업의 가치를 평가하고 주식을 거래한다. 단기 투자보다는 중장기적으로 기업의 성장가능성을 고려해 투자하는 것이다.

투자 시장에서 기술적 분석(technical analysis)은 자산 가격과 거래량의 움직임 자체만을 연구한다. 시장과 산업 같은 외부 요소를 분석하기보다는 차트, 패턴, 추세 같은 시장이 만드는 데이터에 집중한다. 또한, 가격은 시장의 모든 요소를 반영하고 추세를 따르며 반복한다는 가정에서 출발한다. 주식 투자에서는 기초적 분석과 기술적 분석을 모두 사용할 수 있지만, 기초자산이 없는 비트코인은 기본적 분석보다 기술적 분석이 더 적합하다.

다우 이론

다우 이론(Dow Theory)은 시장 이론에 관한 찰스 다우(Charles Dow)의 저술에 바탕을 둔 기술적 분석 이론이다. 찰스 다우는 기술적 분석의 아버지로 불린다. 월스트리트 저널의 창시자이자 편집자였으며, 다우존스앤컴퍼니(Dow Jones & Company, Inc.)의 공동 창립자였다. 회사의 일원으로서 그는 최초의 주가지수인 다우존스운송지수(DJT)를 창안하는 데 일조했으며, 이는 다우존스산업평균지수(DJIA)로 이어졌다.

기본	자산 가격은 일단 어떤 방향을 잡으면 그 추세가 꺾여 반대 방향으로 전환되는 신호가 나타날 때까지는 관성적으로 그 방향을 유지
목적	추세 전환을 예측해 투자 기회 포착
의의	현재 기술적 분석의 이론적 토대를 제공

| 그림 3-2 | 다우 이론

다우 이론은 자산 가격은 일단 어떤 방향을 잡으면 그 추세가 꺾여 반대 방향으로 전환되는 신호가 나타날 때까지는 그 방향의 관성을 유지한다는 가설을 토대로 만들어진 이론이다. 한마디로 다우 이론은 추세 전환을 예측하는 것이 목적이다. 이 이론은 현대 기술적 분석의 이론적 토대를 제공한다는 데 의의가 있다.

시장은 모든 것을 반영한다.	알려진 호재와 악재는 이미 시장 가격에 반영됨
시장에는 3가지 추세가 있다.	장기, 중기, 단기
각 추세는 3단계로 구성된다.	매집, 대중의 참여, 과열과 분산
지수는 서로 관련이 있다.	다양한 지수는 서로 관련, 지수 간 추세가 달라질 때 추세 전환
거래량은 중요하다.	강세장과 약세장에서 거래량의 변화 관찰이 중요
추세는 반전될 때까지 유효하다.	추세는 반전될 때까지 유효하다.

| 그림 3-3 | 다우 이론 6원칙

다우 이론은 6원칙으로 구성된다. 첫 번째 원칙은 "시장은 모든 것을 반영한다."이다. 한 기업에 대한 좋은 뉴스가 예상된다면 뉴스가 보도되기 전에 시장 가격에 반영되며 막상 보도가 나온 후에는 자산 가격이 예상 외로 상승하지 않는다는 것이다. 또는 뉴스가 막상 기대보다 좋지 않다면 오히려 가격은 하락할 수도 있다.

두 번째 원칙은 "시장에는 3가지 추세가 있다."이다. 장기, 중기, 단기 추세로 구성되는데, 장기 추세는 몇 달 혹은 몇 년 동안 지속하는 움직임이다. 중기 추세는 몇 주 혹은 몇 달 동안 지속하는 움직임이다. 단기 추세는 일주일 혹은 열흘 정도 지속하는 움직임이다. 이러한 추세를 관찰함으로써 투자자는 기회를 포착할 수 있는데, 장기 추세가 강세인데 중기와 단기 추세가 약세이면 저가로 자산을 구매할 기회가 될 수 있다.

세 번째 원칙은 "각 추세는 3단계로 구성된다."이다. 장기, 중기, 단기 추세는 각각 매집, 대중의 참여, 과열 및 분산의 단계로 나뉜다. '매집'은 하락장이나 횡보장에서 개인 투자자는 매수를 꺼릴 때 전문 투자자가 점진적으로 매수를 진행하는 단계이다. '대중의 참여'는 더 많은 투자자가 기회를 포착하고 매수를 진행하는 단계이다. 마지막으로 '과열 및 분산'은 수많은 개인 투자자가 추세를 따라 매수하기 시작하는 단계이다. 이 단계에서 전문 투자자는 천천히 자산을 매각하기 시작한다.

네 번째 원칙은 "지수는 서로 관련이 있다."이다. 나스닥 지수가 오르면 코스피 지수도 오른다. 만일 나스닥 지수는 내리는데 코스피 지수가 계속 오른다면 향후 코스피 지수가 하락할 가능성이 커진다는 의미이다.

다섯 번째 원칙은 "거래량은 중요하다."이다. 시장이 강세장일 때 거래량은 늘어나고 주가는 올라간다. 시장이 약세장일 때는 이와 반대의 현상이 일어난다. 그런데 주가는 올라가는데 거래량이 줄어든다면 향후 주가는 하락 반전할 가능성이 크다. 이렇듯 투자 판단에서 자산의 가격과 함께 거래량을 유심히 관찰해야 한다.

여섯 번째 원칙은 "추세는 반전될 때까지 유효하다."이다. 대부분의 기술적 분석이 추세를 추종하며 여섯 번째 원칙을 따르고 있다. 상승추세를 예측하고 자산을 구매한 다음 자산을 보유하다가 하락추세로 바뀌기 전에 자산을 매각한다. 어떻게 투자의 기회를 잡느냐는 추세의 전환을 얼마나 잘 예측하느냐에 달렸다.

앞으로 다양한 기술적 분석 지표를 배울 것인데, 일반적으로 캔들 차트에 기술적 분석 지표를 표시하고 이를 해석하고 활용해서 트레이딩을 한다. 분석 지표를 효율적으로 분석하는 능력은 기술적 분석 이론을 잘 이해하고 있을 때 극대화될 수 있다. 투자에 당장 필요하지 않다고 이번 장에서 배우는 이론을 간과하지 말고 반복해 읽으면서 내 것으로 만들려고 노력하자.

엘리엇 파동이론

엘리엇 파동이론(The Elliott Wave Theory)은 1930년대 미국의 회계사인 랠프 넬슨 엘리엇(Ralph Nelson Elliott)이 창안했다. 이 이론의 기본 원칙은 자산의 가격은 시간과 무관하게 피보나치 수열을 기본으로 하는 특정 패턴을 따른다는 것이다. 피보나치 수열은 자연계에서 많이 관찰되는 대표적인 패턴으로, 엘리엇 파동이론은 한마디로 자산의 가격은 자연법칙을 따른다는 분석 이론이다.

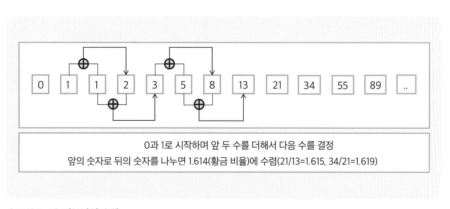

0과 1로 시작하며 앞 두 수를 더해서 다음 수를 결정
앞의 숫자로 뒤의 숫자를 나누면 1.614(황금 비율)에 수렴(21/13=1.615, 34/21=1.619)

| 그림 3-4 | 피보나치 수열

엘리엇 파동이론을 살펴보기 전에 먼저 피보나치 수열 개념을 살펴보자. 피보나치 수열은 0과 1로 시작하며 앞 두 수를 더해서 다음 수를 결정하는 방식으로 만든다.

또한, 앞의 숫자로 뒤의 숫자를 나누면 황금 비율인 1.614에 가까운 값이 나온다. 이 비율은 자연계에서 흔히 관찰할 수 있고 황금 비율을 이루는 어떠한 상태는 가장 안정적인 상태로 알려져 수학, 음악, 미술 등 다양한 분야에서 활용한다. 요컨대 황금 비율과 밀접한 관련이 있는 피보나치 수열은 숫자로만 이루어진 세계도 일정한 규칙으로 설명할 수 있다는 개념이다.

기본	자산 가격의 움직임은 자연법칙을 따르며 시간과 무관하게 특정 패턴을 나타낸다.
구성	5개의 동인 파동과 3개의 조정 파동으로 구성
의의	시세를 기반으로 시장의 움직임을 예측하는 기초 이론 제공

| 그림 3-5 | 엘리엇 파동이론 기본 개념

엘리엇 파동이론을 다시 한번 정리하면, 자산 가격의 움직임은 자연법칙을 따르며, 이는 시간과 무관하게 특정 패턴을 반복한다는 것이다. 이 패턴은 5개의 동인 파동과 3개의 조정 파동으로 구성된다. 엘리엇 파동이론만으로 정확하게 자산 가격을 예측하는 것은 불가능하지만, 시세를 기반으로 시장의 움직임을 예측하는 기초 이론을 제공한다는 데 의의가 있다. 여기에서 3개의 조정 파동, 5개의 동인 파동, 이를 합친

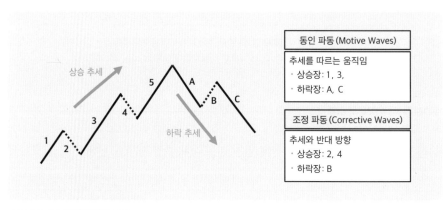

| 그림 3-6 | 엘리엇 파동 패턴

숫자 8이 피보나치 수열 형태를 띤다.

엘리엇 파동의 패턴에 대해 좀 더 자세히 알아보자. 이 이론에서는 파동을 크게 두 가지로 나눈다. 추세를 따르는 움직임인 **동인 파동**(motive wave)과 추세와 반대 방향으로 움직이는 **조정 파동**(corrective wave)이다.

[그림 3-6]에서 상승추세에서는 1, 3, 5가 동인 파동이고, 하락추세에서는 A와 C가 동인 파동이다. 모두 각 추세를 형성하는 역할을 한다. 또한, 상승추세에서는 2와 4, 하락추세에서는 B가 조정 파동이다.

1번 파동은 상승추세가 시작되는 지점이다. 파동의 길이가 가장 짧아서 일반적으로 찾아내기가 쉽지 않다. 2번 파동은 상승추세가 꺾이는 지점이다. 2번 파동의 저점은 1번 파동의 시작점보다 높다는 특징이 있다. 3번 파동은 파동의 길이가 가장 길며 거래량도 많다는 특징이 있다. 3번 파동을 확인할 수 있는 시점은 이미 자산 가격의 상승추세가 두드러지는 시점이다.

3번 파동의 고점은 항상 1번 파동의 고점보다 높다. 4번 파동은 3번 파동에 대한 조정 신호이다. 1번 파동의 고점과 4번 파동의 저점이 겹치지 않는 특징이 있다. 5번 파동의 상승추세의 마지막 지점이다. 3번 파동보다 길이도 짧으며 거래량 또한 적은 특징이 있다.

A 파동은 1번 파동과 마찬가지로 하락추세로 전환되는 지점이다. 이 또한 찾아내기가 쉽지 않다. B 파동은 A 파동의 하락세를 잠시 되돌리는 지점이다. 자산 가격 하락에 대한 반발 매수세가 유입되지만, 거래량이 많지 않다는 특징이 있다. C 파동은 하락추세의 파동 중 가장 길다. 이 시점에서는 하락에 대한 공포가 극대화되면서 거래량 또한 증가한다.

각 파동에 대한 길이를 잠깐 설명했는데, 길이를 측정하는 데 피보나치 수열을 사용한다. 피보나치 수열에서 앞의 숫자로 뒤의 숫자를 나누면 1.614(황금 비율)에 수렴하는데, 예를 들어 3번 파동의 길이는 1번 파동의 길이보다 약 1.614배 길다.

지금까지 엘리엇 파동이론에 대해 간단하게 살펴봤다. 이 이론을 전반적으로 이해하려면 많은 시간을 들여야 한다. 하지만, 제대로 이해했다고 해서 시세 데이터로 파동을 계산하기가 쉽지는 않다. 또한, 데이터를 해석할 때 분석자의 주관이 많이 개입되는 특징이 있다.

단지 엘리엇 파동이론을 활용해서 데이터에 담긴 투자자의 심리를 간단하게 엿볼 수 있기 때문에 다양한 기술적 분석 지표와 함께 활용하면 유용한 투자 방법론이 될 수 있다.

와이코프 방법

투자자이자 시장분석가인 리처드 와이코프(Richard D. Wyckoff)는 자산 가격과 거래량을 관찰함으로써 시장의 움직임을 예측할 수 있다고 믿었다. 자산 가격이 끊임없이 오르고 내리는 것은 어떠한 힘 때문이며 이러한 힘의 비밀은 자산 가격과 거래량 데이터에 있다고 생각했다. 또한, 와이코프 자신이 투자 중개 회사를 이끌고 있었기 때문에 전문 투자가의 투자 기법을 누구보다 깊이 있게 관찰하고 분석할 수 있었다.

기본	자산 가격과 거래량을 관찰함으로써 시장의 움직임을 예측
3원칙	수요와 공급 법칙, 원인과 효과 법칙, 노력과 결실 법칙
시장 사이클	매집, 상승 추세, 분산, 하락 추세
컴포지트 맨	시장 사이클을 주도하는 주요 세력

| 그림 3-7 | 와이코프 방법 개념

자산의 거래량과 가격 데이터, 전문 투자가의 투자 기법을 심도 있게 연구한 결과, 1930년대 초 리처드 와이코프는 **와이코프 방법**(Wyckoff method)을 완성할 수 있었다. 와이코프는 위와 같은 연구를 바탕으로 3원칙을 만들었다.

첫째, **수요와 공급 법칙**(law of supply and demand)은 공급보다 수요가 많을 때 자산의 가

수요와 공급 법칙	**The law of supply and demand** • 수요 > 공급 = 가격 상승 • 수요 < 공급 = 가격 하락 • 수요 = 공급 = 가격에 큰 변화 없음(낮은 변동성)
원인과 효과 법칙	**The law of cause and effect** • 자산의 가격이 변하려면 원인이 있어야 함 • 효과(가격의 변화)는 원인에 정비례 • 최적 가격 변동은 매집(accumulation)과 분산(distribution)에 충분한 시간 필요
노력과 결과 법칙	**The law of effort vs results** • 자산 가격 변화는 투입(거래량)의 결과 • 가격이 거래량과 함께 변하면 추세 지속 • 가격과 거래량 변화가 엇갈리면 추세 전환

| 그림 3-8 | 와이코프 3원칙

격은 상승하고, 공급보다 수요가 적을 때 자산 가격이 하락한다는 것이다. 또한, 수요
와 공급이 거의 일치할 때는 가격에 큰 변화가 없는 시장이 된다는 것이다.

둘째, **원인과 효과 법칙**(law of cause and effect)은 자산 가격이 변하려면 원인이 있어
야 하는데 그 원인은 바로 거래량이라는 것이다. 또한, **매집**(accumulation)과 **분산**
(distribution)을 위한 충분한 시간이 있을 때 가격 변동의 최적 조건이 된다.

셋째, **노력과 결과 법칙**(law of effort and results)은 자산 가격 변화는 투입, 즉 거래량의
결과라는 것이다. 이 법칙에 따르면 가격이 거래량과 함께 변하면 추세가 지속하고
가격과 거래량 변화가 엇갈리면 추세가 전환된다.

와이코프는 시장 사이클을 매집, 상승추세, 분산, 하락추세 이렇게 4단계로 구분했
다. 또한, 시장 사이클을 이끌어가는 주체로 **컴포지트 맨**(Composite Man)이라는 가상
의 아바타를 만들었는데, 컴포지트 맨은 시장에서 일반 투자자보다 투자 경험과 자
본력이 많은 기관, 슈퍼개미, 외국인 등을 말한다. 와이코프는 투자할 때 항상 컴포지
트 맨이 시장을 통제한다는 것을 염두에 두어야 한다고 말한다.

매집 단계에서는 컴포지트 맨은 일반 투자자보다 먼저 자산을 매수한다. 자산 가격
의 급격한 상승을 막고자 컴포지트 맨은 수량을 조절하면서 단계적으로 매수를 진
행한다.

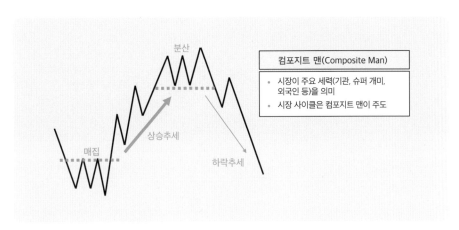

| 그림 3-9 | 와이코프 시장 사이클

상승추세 단계에서는 컴포지트 맨은 충분한 물량을 확보하고 본격적으로 더 많은 투자자를 끌어들이고자 자산 가격을 상승시킨다. 자산 가격이 본격적으로 상승하는 것을 확인한 일반 투자자들이 매수에 참여한다.

분산 단계에서 컴포지트 맨은 자신이 보유한 자산을 서서히 일반 투자자에게 분산하기 시작한다. 자산 가격의 급격한 하락을 막고자 단계적으로 처분하면서 본격적인 이익 실현에 들어가는 단계이다.

하락추세 단계에서는 컴포지트 맨은 이미 이익을 실현했고, 자산의 상당 부분 처분했으므로 자산 가격을 떨어트린다. 대량의 매물이 출현하기 때문에 시장은 하락추세로 반전한다.

지금까지 와이코프 방법에 대해 개략적으로 살펴봤다. 와이코프 방법은 많은 성공 사례가 발표되는 아주 중요한 도구이다. 와이코프 3원칙과 사이클을 이해하고 시장에서 컴포지트 맨의 동향을 예의주시한다면 시장의 방향성을 남보다 한발 앞서 예측할 수 있을 것이다.

기술적 분석 방법은 과거의 가격 패턴이 미래의 가격 움직임에 영향을 줄 수 있다는 가정에 기초한다. 기술적 분석 지표는 과거의 가격 패턴으로 계산하며 트레이더는 이러한 지표를 바탕으로 매수와 매도를 결정한다. 이번 장에서 설명하는 기술적 분석 지표가 절대적인 투자 판단의 기준이 되는 것은 아니다. 또한, 하나의 지표를 사용해서 판단하는 것도 올바른 방법이 아니다. 중요한 것은 기술적 분석 지표가 의미하는 것은 무엇이고 어떠한 장점과 단점이 있는지를 먼저 이해하는 것이다. 그다음에야 비로소 다양한 지표를 활용해 실전에서 패배하지 않는 투자 전략을 세울 수 있다.

기술적
분석 지표

## 4장

기본 용어 정리

기술적 분석 지표를 설명하기 전에 먼저 기본 용어를 정리해보자. 용어 대부분은 상식 수준에서 해결할 수 있지만, 몇 가지 용어는 개념을 확실히 정리할 필요가 있다. 과매도/과매수, 추세, 지지선/저항선, 오실레이터, 다이버전스에 대한 개념을 살펴보도록 하자.

과매도(oversold)란 투자자가 보유 자산을 적정 수준 이상으로 시장에 매도하는 것을 의미한다. 일반적으로 투매 현상이 일어나 가격이 너무 내려갈 때를 과매도라 한다. 반대로 매수주문이 폭발적으로 증가하면서 자산 가격이 단기간에 폭등하면 이를 **과매수**(overbought)고 한다. 과매도 또는 과매수가 발생하면 시장이 과열되므로 자산 가격에 대한 조정이 있을 것이라는 신호가 된다. 투자자가 해야 할 일은 다양한 기술 지표 분석을 통해 과매도/과매수를 판단하는 것이다.

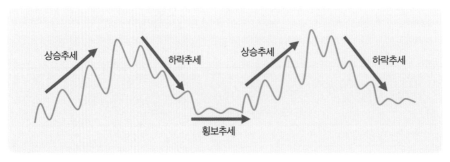

| 그림 4-1 | 추세

추세(Trend)는 시장의 방향이다. 자산의 가격은 일직선으로 움직이지 않고 위아래로 포물선을 그리면서 움직인다. 추세는 이런 위아래로 움직이는 자산 가격의 개략적인 방향을 표현하는 것이다. 추세는 자산 가격의 방향에 따라 상승추세, 하락추세, 횡보추세로 나눌 수 있으며 기간에 따라 장기추세, 중기추세, 단기추세로 나눌 수 있다. 장기추세는 다양한 단기추세를 포함한다.

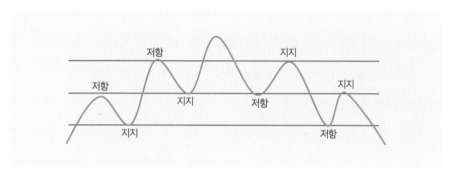

| 그림 4-2 | 지지선과 저항선

지지선(support line)은 말 그대로 자산 가격이 하락할 때 어떤 지점에서 매수 주문이 몰려들어 더 이상의 가격 하락을 막아주는 선을 말하며, 저항선(resistance line)은 자산 가격이 상승할 때 어떤 지점에서 매도 주문이 쏟아져 들어와 가격 상승을 막아주는 선을 말한다.

지지선과 저항선은 상승추세와 하락추세에서 서로 반대의 역할을 한다. 하락추세에서 지지선으로 그려 놓은 선이 상승추세로 돌아서면 반대로 저항선으로 작용하는 때가 있기 때문이다.

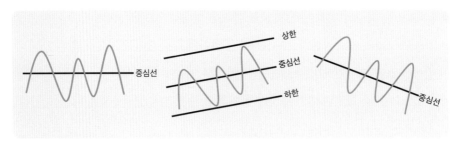

| 그림 4-3 | 오실레이터

오실레이터(oscillator)는 지표가 중심선을 따라서 위아래로 움직이거나 정해진 상한과
하한 사이에서 움직이는 데이터를 통칭하는 용어이다. 다양한 기술적 분석 지표가
오실레이터의 성격을 나타낸다.

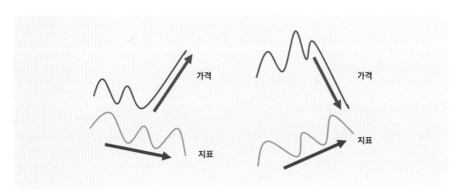

| 그림 4-4 | 다이버전스

다이버전스(divergence)는 자산의 가격과 지표가 다른 방향으로 움직이는 것을 말한다.
다이버전스는 일반적으로 추세의 끝 부분에서 나타나므로 이를 추세 반전으로 해석
하곤 한다.

02

모멘텀

모멘텀(momentum)은 가격을 이용한 추세 판단 지표이다. 즉 과거 일정 시점 가격과 현재 가격을 비교함으로써 현재 가격이 상승추세에 있는지 하락추세에 있는지 판단하는 것이다. 또한, 모멘텀을 통해 현재 추세의 강도를 파악할 수 있다. 자동차에 속도가 있다면 주가에는 모멘텀이 있다.

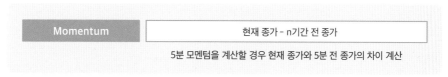

Momentum	현재 종가 - n기간 전 종가
	5분 모멘텀을 계산할 경우 현재 종가와 5분 전 종가의 차이 계산

| 그림 4-5 | 모멘텀 지표 계산

모멘텀의 계산 방법은 아주 간단하다. 현재 종가에서 계산하고자 하는 기간의 종가를 빼면 된다. 각 종가의 차이에 따라 모멘텀은 양 또는 음의 값을 가질 수 있다. 예를 들어 5분 모멘텀을 구하고자 한다면 현재 종가에서 5분 전 종가를 빼면 된다. 모멘텀의 기본 설정 값은 10이다.

모멘텀이 0보다 크다는 것은 현재 가격이 과거 가격보다 크다는 의미이다. 따라서 상승추세이고 모멘텀이 0보다 크다는 것은 앞으로 상승추세가 계속된다고 판단할 수 있다. 주가가 상승하지만 모멘텀이 0 아래로 떨어진다는 것은 주가 상승의 힘이 약해지고 있다는 의미이다. 이렇듯 모멘텀은 주가 상승과 하락에 대한 선행지표의 역할을 한다.

이동평균

이동평균(moving average, MA)은 전체 데이터 집합의 일련의 여러 하위 집합에 대한 평균을 계산해서 가격 변화의 추이를 분석하는 기법이다.

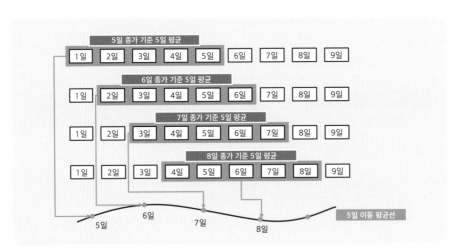

| 그림 4-6 | 이동평균 개념

그림을 통해 이동평균 개념을 살펴보면 다음과 같다. 먼저 이동평균의 기준이 되는 날짜와 며칠 단위(이동평균 구간)로 이동평균을 구할지 선택한다. [그림 4-6]의 첫 부분에는 날짜 5일 기준으로 5일 단위의 이동평균을 구했다. 이동평균은 그래프를 통해 추이를 분석하기 때문에 날짜를 하나씩 변경해 가면서 5일 단위로 평균을 계속 구한다. 구

해진 평균을 날짜별로 점을 찍어 선으로 연결하면 이동평균선을 계산할 수 있다.

단순이동평균	simple moving average
누적이동평균	cumulative moving average
가중이동평균	weighted moving average
지수이동평균	exponential moving average

| 그림 4-7 | 이동평균 유형

이동평균에는 **단순이동평균**(simple moving average), **누적이동평균**(cumulative moving average), **가중이동평균**(weighted moving average), **지수이동평균**(exponential moving average) 등이 있다.

단순이동평균은 앞서 설명한 바와 같고, 누적이동평균은 특정 구간을 정하지 않고 현재까지 모든 데이터에 대한 평균을 구하는 것이다. 가중이동평균은 최근 데이터에 더 많은 가중치를 부여해서 이동평균을 구하는 것이다. 마지막으로 지수이동평균은 가중치를 사용하되 오래된 데이터에 가중치를 기하급수적으로 감소시키면서 이동평균을 구하는 방법이다.

이동평균의 장점은 구간별 평균을 구하므로 특정 일자에 많이 오르거나 내린 가격이 평균에 희석되어 추세를 관찰할 수 있고, 구간이 계속 이동하기 때문에 과거 데이터의 영향을 점차 감소시키고 최신 데이터를 반영한다는 것이다. 또한, 다양한 구간을 사용하므로 구간별 특징을 서로 비교할 수도 있다.

하지만, 이동평균 구간이 너무 길면 짧은 구간의 신호를 반영하지 못하고 너무 짧으면 가격 변화 추이를 제대로 관찰할 수 없다는 문제가 생긴다. 따라서 구간을 어떻게 설정하느냐는 이동평균을 제대로 활용하기 위한 중요한 결정 요소이다.

또한, 이동평균은 많은 과거 데이터와 적은 현재 데이터로 평균을 구하므로 최신 데이터를 늦게 반영하는 단점이 있다.

바이낸스 차트에서 기본으로 제공하는 지수이동평균(EMA)은 단기 7, 중기 25, 장기 99로 설정된다. 단위를 분으로 했을 때 각 7분, 25분, 99분 동안 지수이동평균을 구해 그래프에 표시한 것이다.

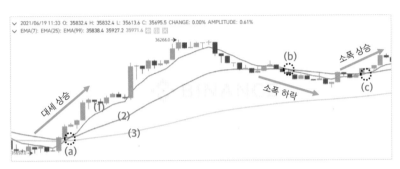

| 그림 4-8 | 바이낸스 지수이동평균

[그림 4-8]에서 (1) 단기 이동평균선은 현재 주가의 흐름을 잘 반영하는 것을 볼 수 있다. (2) 중기 이동평균선은 단기만큼은 아니지만, 어느 정도 주가 흐름을 반영하고 중간에 나타나는 미세한 조정 패턴을 무시하는 것을 알 수 있다. (3) 장기 이동평균선은 미세한 조정에는 전혀 흔들리지 않고 전체적인 가격의 추세를 보여준다.

(a) 중기 이동평균선이 장기 이동평균선을 뚫고 올라가고(골든 크로스, 강세전환지표) 동시에 단기 이동평균선이 중기 이동평균선을 뚫고 올라갈 때(골든 크로스) 자산의 가격은 대세 상승기로 접어드는 것을 확인할 수 있다. (b) 단기 이동평균선이 중기 이동평균선 아래로 내려오는(데드 크로스, 약세전환지표) 가격은 소폭 조정되며 (c) 단기 이동평균선이 중기 이동평균선 위로 올라가면 가격은 소폭 상승하는 것을 확인할 수 있다.

일반적으로 이동평균선은 장기, 중기, 단기를 함께 화면에 표시하며 각각의 이동평균선이 교차하는 지점을 추세 전환점으로 판단한다.

이동평균수렴·확산지수

이동평균수렴·확산지수(moving average convergence divergence, MACD)는 이동평균성의 후행성 문제를 해결하고자 1979년 제럴드 아펠(Gerald Appel)이 개발했다.
각각의 이동평균은 서로 멀어지면(divergence) 언젠가는 다시 수렴(convergence)한다는 성질을 이용한 것이다.

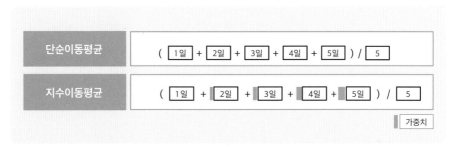

| 그림 4-9 | 지수 이동평균

이동평균수렴·확산지수는 기본적으로 이동평균을 활용하는데, 단순이동평균이 아닌 지수이동평균을 사용한다. 단순이동평균에는 최근 데이터 반영이 느리다는 단점이 있으므로 최근 데이터에 더 큰 가중치를 두고 평균을 구하는 개념이 지수이동평균이다.

이동평균수렴·확산지수는 단기(지수)이동평균 데이터와 장기(지수) 이동평균 데이터의 거리를 측정함으로써 두 선 사이의 거리가 멀어지고 가까워지는 지점을 찾는 지표이다.

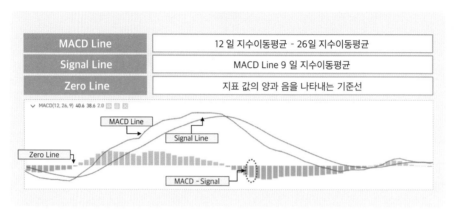

MACD Line	12 일 지수이동평균 - 26일 지수이동평균
Signal Line	MACD Line 9 일 지수이동평균
Zero Line	지표 값의 양과 음을 나타내는 기준선

| 그림 4-10 | **MACD 구성**

MACD는 장기이동평균(26일 지수이동평균) 데이터와 단기이동평균(12일 지수이동평균) 데이터의 거리를 나타내는 MACD Line과 MACD Line에 대한 9일 지수이동평균인 Signal Line 그리고 지표의 양과 음을 알려주는 Zero Line으로 구성된다. 녹색 막대와 적색 막대가 교차로 나오는데, 녹색 막대는 MACD Line이 Signal Line보다 위에 있을 때(양)이고 적색 막대는 MACD Line이 Signal Line보다 아래에 있을 때(음)이다.

Signal Line은 MACD Line의 지수이동평균이기 때문에 잡음(노이즈)이 제거되어 자산 가격의 추세를 반영한다. MACD Line은 상대적으로 현재 자산 가격을 많이 반영하므로 MACD Line이 Signal Line보다 위에 있다는 것은 자산이 상승추세에 있다는 것을 의미한다. 이와 반대로 MACD Line이 Signal Line보다 아래에 있을 때는 자산이 하락추세인 것을 알 수 있다.

이제 바이낸스 차트 화면을 활용해서 MACD 사용법에 대해 알아보자. 지수이동평균(EMA) 기간은 MACD 계산 기간과 동일하게 9, 12, 26을 사용했다. 이 기간은

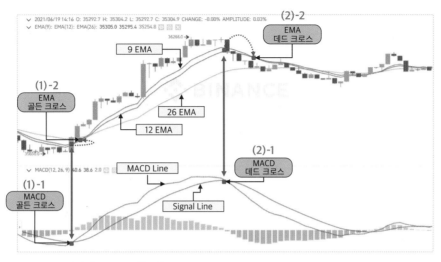

| 그림 4-11 | 바이낸스 MACD 활용법

MACD 사용법을 설명하기 위해 임의로 설정한 기간이며, 실제 선물을 매매할 때는 자신만의 적절한 기간을 설정하는 것이 매우 중요하다.

(1)-1 지점에서 MACD Line이 Signal Line 위로 올라가는 골든 크로스가 발생했다. 자산 가격 차트를 살펴보면 (1)-2 다음 분봉(1분 데이터)에서 9 EMA가 12 EMA 위로 올라가는 골드 크로스가 발생한 것을 확인할 수 있다. 이는 MACD 신호가 EMA 신호를 선행한다는 것을 의미한다.

(2)-1 지점에서는 반대로 MACD Line이 Signal Line 아래로 내려가는 데드 크로스가 발생했다. 자산 가격 차트에서도 (2)-2 지점에서 9 EMA가 12 EMA 아래로 내려가는 데드 크로스가 발생한 것을 확인할 수 있다. 데드 크로스 시점도 MACD 신호가 EMA 신호를 선행하는 것을 알 수 있다.

MACD를 활용한 간단한 매매 기법은 MACD Line과 Signal Line이 Zero Line 아래에 있고 골든 크로스가 발생할 때 자산을 매수하고, MACD Line과 Signal Line이 Zero Line 위에 있고 데드 크로스가 발생할 때 자산을 매도하는 것이다.

상대강도지수

상대강도지수(relative strength index, RSI)는 1970년대 웰스 와일더(Welles Wilder)가 개발한 지표로, 시장의 상승과 하락의 강도를 지표를 측정하여 현 상태의 과매수/과매도 여부를 판단하는 데 사용한다. 과매수는 주가가 폭등하여 적정 수준 이상의 매수 주문이 발생한 상태이고 과매수는 반대로 주가가 폭락하여 과도한 매도 주문이 발생한 상태이다.

기술적 분석에 사용하는 보조 지표
일정 기간 동안 전일 가격에 비해 상승한 변화량과 하락한 변화량의 평균값으로 계산
일반적으로 대상 기간은 **14일**, **RSI 0.7** 이상 과매수, **RSI 0.3** 이하 과매도

| 그림 4-12 | RSI 개념

RSI를 산정할 때 대상 기간은 일반적으로 14일을 많이 사용하며 이 외에도 5일 또는 15일의 사용할 수 있다. RSI 결과가 0.7 이상이면 과매수, 0.3 이하일 때 과매도로 판단한다. RSI 지표를 직접 계산할 일은 거의 없다. 대부분의 트레이딩 화면에서 RSI 지표를 선택해서 볼 수 있기 때문이다. 하지만, RSI 지표를 이해하고 활용하려면 어떻게 계산

AU (average up)	(지난 대상기간 동안 수익의 합) / 대상 기간
AD (average down)	(지난 대상기간 동안 손실의 합) / 대상 기간
RS	AU / AD
RSI	RS / (1 + RS)

| 그림 4-13 | RSI 지표 계산

되는지 살펴볼 필요는 있다. 가장 먼저 구해야 하는 것이 AU(average up)과 AD(average down) 지표이다. 이것은 용어 그대로 대상 기간 동안 수익과 손실의 평균을 구하는 것이다. 일반적으로 14주기(14일, 14시간, 14분) 동안 주가를 산정할 때 14주기 동안 수익의 합과 동일 기간 손실의 합을 구하고 14주기로 나눈다.

AU는 자산 가격의 상승 압력이고 AD는 자산 가격의 하락 압력이다. AU가 AD보다 크다는 것은 자산 가격에 대한 상승 압력이 더 높다는 것이다. RS를 구하면 1보다 큰 값이 나온다. 반대로 AD가 AU보다 크다는 것은 자산 가격에 대한 하락 압력이 높다는 것이며, RS는 1보다 작은 값이 나온다.

AU와 AD를 구했으면 두 지표의 비를 구해서 RS를 계산한다. RS는 상대 강도 즉 상승 평균을 하락 평균으로 나눈 값이다. RS가 1보다 크면 상승 평균이 크고, 반대로 RS가 1보다 작으면 하락 평균이 더 크다.

마지막으로 RS를 이용해서 RSI를 구한다. 수식에 따르면 RSI는 0에서 1 사이의 값이다. RS를 그대로 사용하면 값이 무한대로 커질 수 있으므로(그래프로 표현하기 어려움) 지표로 사용할 수 있도록 RS를 1+RS로 나눈 값을 사용한다. 0과 1 사이의 값을 백분율로 환산하여 트레이딩에 활용하게 된다.

RSI를 계산할 때는 이동평균을 구할 때와 마찬가지로 일별로 이동하며 계속 AU와 AD를 구하고 RS와 RSI를 계산한다. 일별로 이동하면서 계속 계산한다는 의미에서 이동평균의 속성을 많이 포함한다. 이동평균은 새로운 값(변화)에 대한 반영이 느리고 이동평균을 구하는 범위가 너무 넓다면 이동평균의 효과가 감소하게 된다. RSI 지표를 사용할 때도 이러한 특성을 고려해야 한다. 예를 들어 패턴을 벗어나는 새로운 가격이 출현하게 되면 RSI 지표의 예측력은 현저하게 떨어지게 된다. 따라서 RSI는 가격이 박스권에 갇혔을 때 예측력이 좋다.

| 그림 4-14 | 바이낸스 RSI 사용법

바이낸스에서는 기본적으로 3개의 RSI를 제공하는데, 기본 설정은 6, 12, 24이다. 최초에 RSI는 과매수와 과매도 구간을 판단하고자 고안되었고 14 구간을 사용했지만, 바이낸스에서는 RSI를 단기/중기/단기 RSI 라인의 골든 크로스와 데드 크로스를 매매에 활용할 수 있도록 제공한다.

RSI 골든 크로스가 발생한 지점과 자산 가격 추이를 살펴보면 RSI 골든 크로스가 자산 가격의 상승보다 먼저 발생한 것을 확인할 수 있다. RSI 데드 크로스 또한 자산 가격의 하락보다 먼저 시작한 것을 확인할 수 있다. 이는 RSI 골든 크로스와 데드 크로스를 활용하면 자산의 매수와 매도 시점을 결정할 수 있다는 얘기이다.

스토캐스틱 RSI

스토캐스틱 RSI(StochRSI)는 이름에서 유추할 수 있듯이 RSI에서 파생된 지표이다. RSI와 마찬가지로 자산의 과매수/과매도 여부를 판단하는 지표로 사용된다. 1994년 스탠리 크롤(Stanley Kroll)과 투샤 챤디(Tushar Chande)가 함께 쓴 책 "The New Technical Trader"에서 처음 소개되었다.

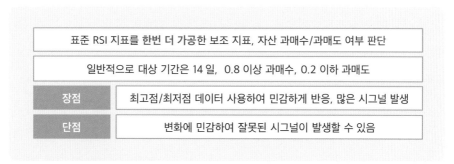

표준 RSI 지표를 한번 더 가공한 보조 지표, 자산 과매수/과매도 여부 판단	
일반적으로 대상 기간은 14 일, 0.8 이상 과매수, 0.2 이하 과매도	
장점	최고점/최저점 데이터 사용하여 민감하게 반응, 많은 시그널 발생
단점	변화에 민감하여 잘못된 시그널이 발생할 수 있음

| 그림 4-15 | 스토캐스틱 RSI 개념

스토캐스틱 RSI는 표준 RSI를 한 번 더 가공한 지표이며, 최저점과 최고점의 RSI를 사용하기 때문에 표준 RSI보다 더 민감하게 반응한다. 따라서 스토캐스틱 RSI는 더 많은 시그널을 생성하므로 시장 동향과 매수/매도 타이밍 결정에 더 많은 정보를 제공한다. 하지만, 민감하다는 것은 잘못된 신호를 생성할 수 있다는 뜻이기도 하다. 대

부분 스토캐스틱 RSI 지표는 3일 단순이동평균(SMA) 지표와 함께 사용하면서 이러한 단점을 보완한다.

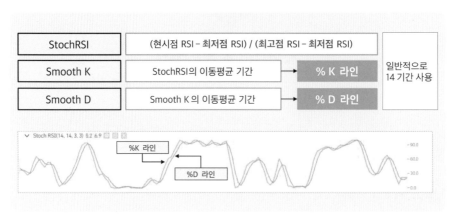

| 그림 4-16 | 스토캐스틱 RSI 계산법

스토캐스틱 RSI는 스토캐스틱(분석 대상 기간의 최고가와 최저가의 폭을 계산하여 현재 주가의 상태를 판별하는 지표)을 구하는 공식에 표준 RSI를 대입해서 계산한다. 현시점 RSI를 구할 때 기간은 일반적으로 14주기(일, 시, 분 등)를 많이 사용하지만, 20주기를 사용하기도 한다. 수식의 결과는 0과 1 사이의 값이며 중간값은 0.5이다. 편의상 여기에 100을 곱해서 사용하기도 한다.

스토캐스틱 RSI 지표를 그래프에 표시할 때 StochRSI 지표를 그대로 표시하지 않고 %K 라인과 %D 라인을 표시한다. Smooth K는 StochRSI의 이동평균을 구하는 기간을 결정한다. 예를 들어 분 데이터를 사용할 때 K가 3이면 StochRSI의 3분 이동평균을 구한다. Smooth K를 적용해서 구한 스토캐스틱 RSI 라인을 %K 라인이라 한다.

Smooth D는 %K에 대한 이동평균 값을 구할 기간을 정한다. 분 데이터를 사용할 때 D 값이 3이면 %K 3분 이동평균 데이터를 구한다. Smooth D를 적용해서 구간 값을 차트로 나타낸 것이 바로 %D 라인이다.

%D 라인은 이동평균 데이터이므로 %K 라인을 뒤따른다. 그런 의미에서 %D 라인

을 Slow D라 하고 %K 라인은 Fast K라 한다.

%K와 %D 대신 스토캐스틱 RSI지표를 사용할 때는 0.2 이하로 나올 때 과매도로 판단하고 0.8 이상일 경우 과매수로 판단한다. 중앙값(0.5)을 기준으로 추세를 판단할 수 있다. 지표가 0.5 이상에서 계속 머물러 있다가 0.8을 향해 이동할 때는 상승추세가 지속하는 것을 의미하며 지표가 0.5 이하에서 계속 머물러 있다가 0.2를 향해 이동하면 하락추세가 지속하는 것을 의미한다.

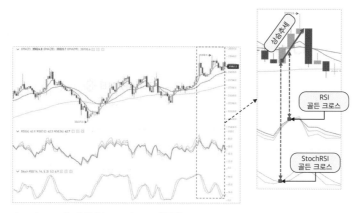

| 그림 4-17 | 바이낸스 StochRSI 사용법

StochRSI를 과매수 과매도 구간을 판단하는 지표로도 사용할 수 있지만 매매 시점을 포착하는 데도 활용할 수 있다. 바이낸스 차트에서 StochRSI 지표를 표시하면 [그림 4-17]과 같은 화면을 확인할 수 있다. 골든 크로스를 활용해서 매수 시점을 포착할 때 RSI 골든 크로스보다 StochRSI 골든 크로스가 더 빠르게 타이밍을 찾을 수 있다는 것을 확인할 수 있다.

다른 모든 지표가 마찬가지이지만 StochRSI도 잘못된 신호를 줄 수 있기 때문에 MACD나 EMA와 같은 다른 지표와 함께 사용해야 한다.

볼린저밴드

볼린저밴드(Bollinger Bands, BB)는 1980년 금융 분석가인 존 볼린저(John Bollinger)가 만들었다. 볼린저밴드는 기술적 분석 지표로 널리 활용되고 있으며, 과매수/과매도 여부와 시장 변동성의 높고 낮음에 대한 판단 근거를 제공한다.

상단 밴드	20일 단순 이동평균(SMA) + (20 일 표준편차 × 2)
중간선	20일 단순 이동평균(SMA)
하단 밴드	20일 단순 이동평균(SMA) − (20일 표준편차 × 2)

(20일 표준 편차 × 2) : 95% 데이터가 밴드 상·하단 아래에서 이동하도록 보장

| 그림 4-18 | 볼린저밴드 구성

볼린저밴드는 상단 밴드, 중간선, 하단 밴드로 구성된다. 먼저 중간선은 20일 단순이동평균 데이터를 사용한다. 상단 밴드와 하단 밴드는 20일 단순이동평균 데이터에 20일 표준편차에 2를 곱해서 더하거나 빼준다. 데이터의 95%는 평균값±표준편차×2 안에 있다는 통계학 이론에 바탕을 두고 있다.

가격이 중간선을 웃돌다가 상단 밴드를 초과한다면 시장이 과매수 상태로 판단할 수 있다. 가격이 상단 밴드에 여러 번 접촉했으나 이를 돌파하지 못하면 이 가격대를

가격 저항선으로 판단할 수 있다.

반대로 가격이 중간선을 밑돌다가 하단 밴드 이하로 떨어지는 경우 과매도 상태로 판단할 수 있다. 가격이 하단 밴드에 여러 번 접속했으나 그 아래로 떨어지지 않는다면 이 가격대를 지지선으로 판단할 수 있다.

가격 변동이 적을 때 밴드의 상한과 하한 폭이 줄거나 가격 변동이 클 때 밴드의 상한과 하한 폭이 확대될 때 급격한 가격 변동이 올 수 있다.

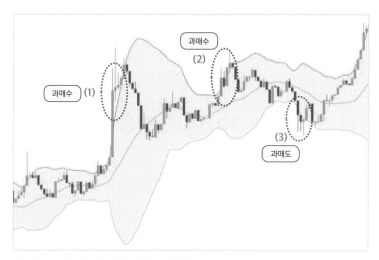

| 그림 4-19 | 바이낸스 볼린저밴드 사용법

볼린저밴드의 상단과 하단을 관찰하면서 과매수와 과매도 구간을 포착해서 매매하는 기법에 대해 알아보자. (1)과 (2)는 가격이 밴드의 상단을 뚫고 올라갔으므로 과매수로 판단하고 자산을 매도해야 하는 시점으로 생각할 수 있다. (3)은 가격이 밴드의 하단을 뚫고 내려가는 시점으로 자산의 매수를 고려할 수 있다.

하지만, 지금까지 살펴본 모든 그래프를 실시간 데이터가 아니다. 과거의 데이터를 가지고 지표를 분석한 것이기 때문에 지표와 매매 타이밍이 잘 맞아떨어진다. 하지만, 실시간으로 변하는 시장에서는 현재 상황을 지표를 통해서 판단해야 하기 때문에 단일 지표로 올바른 의사결정을 하기가 쉽지 않다.

거래량 가중평균가격

거래량 가중평균가격(volume weighted average price, VWAP)는 일정 기간 거래한 자산의 가격을 거래량을 사용하여 가중 평균한 값이다. 앞서 설명한 이동평균은 가격만을 가지고 지표를 계산했다. 하지만, 가격과 함께 거래량은 상승추세와 하락추세를 판단하는 데 아주 중요한 요소로 사용된다. 거래량 가중평균가격은 가격과 거래량을 함께 고려하므로 단순이동평균보다 더 실용적인 지표이다.

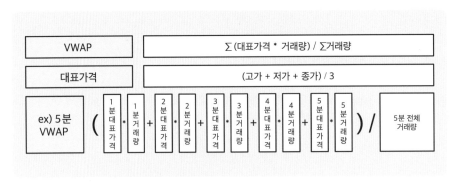

| 그림 4-20 | 거래량 가중평균가격(VWAP) 계산법

VWAP를 계산하려면 먼저 대표가격을 산정해야 한다. 대표가격은 단계별 구간에서 고가, 저가, 종가를 평균한 가격이다. 다음으로, VWAP를 계산하는데, 단계별 구간의 대표가격에 단계별 거래량을 곱해서 전체 합계를 구하고 이를 전체 구간 거래량으

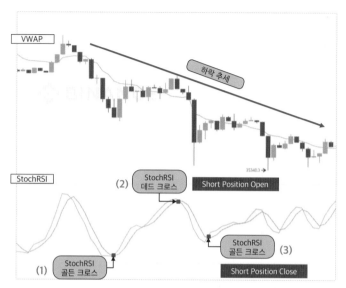

| 그림 4-21 | 바이낸스 VWAP 사용법

로 나눈다.

예를 들어 전체 구간이 5분이고 각 단계를 1분이라고 한다면, 처음 1분의 대표가격을 구하고 처음 1분 동안 거래된 수량을 곱한다. 다음 단위 분 동안 이 작업을 반복하면서 총 5분 동안 거래량이 가중된 가격의 합을 구한다. 다음으로, 5분 동안 거래된 전체 수량을 합산해서 나누면 된다.

VWAP도 이동평균과 마찬가지로 분 단위로 이동하면서 가중평균을 구한다. 전체 구간이 5분일 때 전체 구간을 1분 단위로 이동하면서 VWAP를 구하면 1분마다 이 값을 구할 수 있으면 이것을 선으로 연결하면 하나의 차트를 구성할 수 있다.

VWAP는 이동평균과 비슷하게 추세 판단에 사용할 수 있다. 가격이 VWAP 선보다 위에 있다면 시장은 상승세에 있고 가격이 VWAP보다 아래에 있다면 시장은 하락세에 있다고 판단할 수 있다.

또한, VWAP는 트레이딩 성과를 측정하는 데도 사용될 수 있다. VWAP 아래에서 매수하고 VWAP 위에서 매도했다면 트레이딩 성과가 우수할 확률이 높다. 자산 가격이 VWAP 보다 아래에 있다는 것은 자산이 저평가되었다는 신호이고 위에 있다는 것은 고평가되었다는 신호이기 때문이다.

VWAP는 이동평균 데이터와 마찬가지로 과거 데이터로 만들므로 후행성 지표이며, 더 많은 데이터를 사용할 때(5분보다 20분) 더 많은 지연이 발생한다. 따라서 VWAP를 사용해서 무언가를 예측하기보다는 현 상황을 이해하는 데 활용하는 것이 좋다.

VWAP 지표를 사용하면 가격 변화의 추세를 확인할 수 있다. [그림 4-21]에서 VWAP는 계속 하락한다. 매매 시점을 포착하기 위해 StochRSI 지표를 사용한다고 하자. (1) 시점에서 %K가 %D를 뚫고 올라오는 골드 크로스가 발생했고 (2) 시점에서는 반대로 데드 크로스가, (3) 시점에서는 다시 골든 크로스가 발생했다. 우리의 목적은 현물이 아니라 선물을 거래하는 것이다. 여기에서 결정해야 할 것은 롱(Long) 포지션을 오픈할 것인지 아니면 숏(Short) 포지션을 오픈할 것인지 결정하는 것이다. 여기에서 활용할 수 있는 것이 VWAP 지표이다. VWAP 지표가 계속 하락한다는 것은 가격 변화가 하락추세라는 것을 보여주므로 숏 포지션을 오픈하는 것이 StochRSI 지표 왜곡으로 말미암은 투자 실패를 최소화하는 방법이다.

파라볼릭 SAR

파라볼릭 SAR(parabolic stop and reverse, PSAR)는 1970년대 후반 기술적 분석가인 웰스 와일더(J. Welles Wilder Jr.)가 개발한 시장 추세와 추세 전환 시점을 파악하는 기술적 분석 도구이다.

파라볼릭 SAR 지표는 시장 가격 위아래에 찍힌 작은 점으로 구성된다. 이러한 점이 포물선 모양이므로 파라볼릭(Parabolic)이라는 이름을 붙였다. 상승추세 동안 파라볼 릭 SAR는 시장 가격 아래에 표시되고, 하락추세 동안 시장 가격 위에 표시된다. 또 한, 상승 역시 하락추세가 없이 횡보하는 기간에도 파라볼릭 SAR를 계산할 수 있다. 하지만, 파라볼릭 SAR는 상승 또는 하락추세가 뚜렷한 구간에서 성능을 발휘한다.

※ 분 단위로 PSAR를 계산할 때

처음 SAR	최초 SAR 값으로 익스트림 포인트(EP) 사용
이전 SAR	이전 분에 계산된 SAR
익스트림 포인트 (extreme point, EA)	한 추세 안에서 가장 높은 지점과 낮은 지점 (상승추세: 높은 지점, 하락추세 : 낮은 지점)
가속 변수 (acceleration factor, AF)	추세가 지속되는 경우 시간이 지남에 따라 변숫값을 증가시켜 가격 변화에 대한 매매 신호의 후행성을 개선하기 위한 가중치

| 그림 4-22 | 파라볼릭 SAR 구성 요소

파라볼릭 SAR 지표는 크게 3가지 세부 지표로 구성된다. SAR(stop and reverse)는 맨 처음 계산하는 SAR와 다음 구간에서 계산에 활용하는 SAR로 구성된다. 맨 처음 SAR는 최초 익스트림 포인트를 활용하고 두 번째 SAR를 계산할 때부터는 이전 타임에서 계산한 SAR를 활용한다.

익스트림 포인트(EP)는 한 추세 안에서 가장 높거나 낮은 지점이다. 상승추세 동안은 가장 높은 지점을 사용하는데, 시간이 지나면서 새로운 높은 지점이 출현할 때마다 익스트림 포인트는 갱신된다. 하락추세 동안은 가장 낮은 지점을 사용한다.

가속 변수(AF)는 추세가 지속할 때 시간이 지남에 따라 변숫값을 증가시켜 가격 변화에 대한 매매 신호의 후행성을 개선하기 위한 가중치이다. 이는 뒷부분에서 좀 더 자세히 다루도록 하겠다.

	※ 분 단위로 PSAR를 계산할 때
상승추세	이전 SAR + AF x (EP − 이전 SAR)
하락추세	이전 SAR − AF x (이전 SAR − EP)

AF는 0.02에서 시작, 신고점/신저점 출현 시 0.02 증가, 0.2가 최댓값

| 그림 4-23 | 파라볼릭 SAR 계산식

파라볼릭 SAR는 상승추세일 때와 하락추세일 때 계산식이 다르다. 상승추세일 때는 이전 SAR에 조정 인자를 고려한 새로운 SAR 값을 계속 더하고 하락추세일 때는 이와 반대로 새로운 SAR 값을 계속 뺀다. 가속 변수는 일반적으로 0.02에서 시작하고 신고점 또는 신저점에 출현할 때 0.02만큼 증가하고 0.2가 최댓값이 된다. 추세가 변경되면 다시 0.02로 초기화하고 앞 과정을 반복한다. 가속 변수의 초깃값과 증분, 그리고 최댓값은 분석가가 조정할 수 있다.

이제 그림으로 파라볼릭 SAR의 구성 요소와 계산 방법에 대해 더 자세히 알아보자. [그림 4-24]에서 왼쪽이 상승추세고 오른쪽이 하락추세다. (1) 상승추세에서 가장 먼저

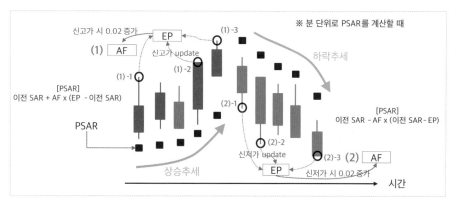

| 그림 4-24 | 추세와 파라볼릭 SAR

해야 할 것이 익스트림 포인트와 가속 변수를 결정하는 것이다. **(1)-1** 맨 처음에는 분봉이 하나뿐이기 때문에 고가를 익스트림 포인트로 사용하고 가속 변수는 초깃값 0.02로 설정한다. 다음에 **(1)-2** 신고가가 출현하면 익스트림 포인트를 이 값으로 갱신하고 가속 변수는 0.02를 더한 0.04로 설정한다. 상승추세에 **(1)-3** 세 번째로 신고가가 출현하면 익스트림 포인트를 다시 이 값으로 갱신하고 가속변수는 0.06으로 변경한다.

(2) 하락추세로 반전하면 익스트림 포인트는 **(2)-1** 추세의 처음 분봉의 최젓값을 사용하고 가속 변수는 0.02로 초기화된다. **(2)-2** 신저가가 출현하면 익스트림 포인트는 이 값으로 갱신되고 가속 변수는 0.04로 역시 변경된다. 이 과정이 하락추세가 끝날 때까지 반복된다.

투자자는 파라볼릭 SAR를 통해 시장 추세의 지속 여부, 추세 반전 지점에 대한 신호를 확인할 수 있다. 특히 선물 투자할 때 파라볼릭 SAR를 사용해서 추세 반전을 확인하고 자신의 포지션을 종료할 수 있어 수익을 극대화할 수 있다.

파라볼릭 SAR는 추세가 있는 시장에서는 매우 유용하지만 횡보하는 시장에서는 활용도가 극히 떨어진다. 추세가 없을 때 투자자에게 잘못된 신호를 제공할 수 있기 때문이다. 또한, 시장의 변동성이 너무 커도 잘못된 신호를 줄 수 있어 가격이 점진적으로 변하는 시장에서 파라볼릭 SAR를 활용하는 것이 좋다.

파라볼릭 SAR는 거래량을 고려하지 않기 때문에 추세의 강도에 대한 정보를 제공하지 않는다. 이를 위해서는 다른 지표를 같이 활용해서 추세 강도에 대한 정보를 얻어야 한다.

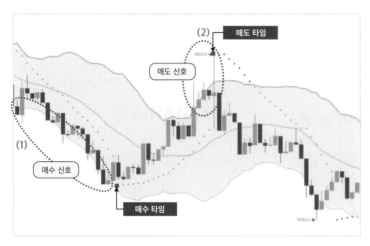

| 그림 4-25 | 바이낸스 PSAR 사용법

PSAR와 볼린저밴드를 함께 사용하는 방법을 알아보자. 자산 가격이 볼린저밴드 하단으로 내려가면 매수신호, 상단으로 올라가면 매도신호이다. [그림 4-25]와 같이 하락추세이거나 상승추세일 때 여러 개의 신호가 연속으로 발생하는 것을 확인할 수 있다.

(1) 영역에서 가장 좋은 것은 맨 하단에서 발생하는 신호에서 매수하는 것이다. [그림 4-25]는 지난 과거 데이터를 가져온 것이므로 어떤 신호가 가장 아랫부분에서 발생했는지 눈으로 확인할 수 있다. 하지만, 실시간으로 변화하는 차트에서 이를 여러 신호 중 가장 아랫부분에 있는 것으로 판단하기는 매우 어렵다. 이때 사용하는 것이 PSAR이다. 상승추세의 PSAR가 처음 나타나는 부분에서 자산을 매수하는 것이다.

(2) 영역 또한 마찬가지이다. 여러 개의 매도 신호가 발생할 때 매도 타임을 잡는 것은 하락추세의 PSAR가 발생하는 시점에서 매도하는 것이다.

10

피보나치 되돌림 도구

피보나치 되돌림(Fibonacci retracement)은 차트에 주요 구간을 표시하고 가격이 구간에 닿을 때 추세 전환을 예측하는 도구이다. 피보나치 되돌림은 13세기 수학자 레오나르도 피보나치(Leonardo Fibonacci)가 발견한 일련의 숫자(피보나치 수열)에서 파생한 도구이다.

| 그림 4-26 | 피보나치 되돌림 구간 계산

피보나치 되돌림 구간은 첫 번째 피보나치 숫자를 다음 피보나치 숫자로 차례로 나누어 준다. 13을 첫 번째 숫자로 사용한다면 다음에 오는 숫자 21로 나누면 0.619048

이 되고, 13을 다시 34로 나누면 0.382353이 된다. 마지막으로 13을 55로 나누면 0.236364가 된다. 피보나치 수열은 계속 반복하는 숫자이므로 앞에서 나온 계산 결과를 일반화(0.618, 0.382, 0.236)할 수 있다. 0.5는 0과 1의 중간값이기 때문에 피보나치 수열과 관계없이 사용한다. 마지막으로 1과 0.236의 차이를 구하면 0.764가 나온다.

일반적으로 트레이딩에 사용하는 화면에서 차트상에 관심 있는 구간을 설정하면 자동으로 피보나치 되돌림 구간을 백분율로 표시한다. 화면에 표시하는 백분율은 0%, 23.6%, 38.2%, 50%, 61.8%, 78.6%, 100%이다. 특히 50% 레벨은 피보나치 수열에서 파생된 비율은 아니지만, 중간값이므로 피보나치 되돌림 도구에 표시된다. 이외에도 161.8%, 261.8%, 423.6%와 같이 100% 범위를 넘어선 값을 사용하기도 한다.

트레이더는 피보나치 구간을 매매 시점, 지지, 저항, 되돌림 영역으로 판단할 수 있다. 이는 특별히 정해진 규칙은 없으면 일반적으로 트레이더는 다른 여러 지표를 함께 고려해서 투자 판단에 사용한다.

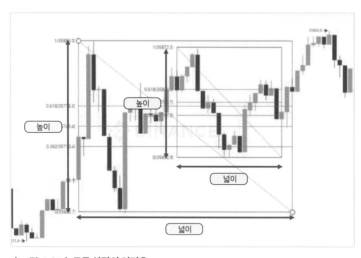

| 그림 4-27 | 도구 설정의 어려움

피보나치 되돌림 도구는 대부분의 트레이딩 사이트에서 높이와 넓이만 지정하면 자동으로 계산한다. 하지만, 설정한 높이와 넓이에 따라 값이 다르게 나오고 해석 결과가 다르므로 다분히 분석가의 주관에 의해 좌우되는 경우가 많다. 해석 방법도 일반적으로 정해진 것도 없으니 분석가의 경험과 능력에 도구의 성능이 많이 좌우된다고 할 수 있다.

피보나치 되돌림 지표는 사용하기가 매우 어려운 도구이지만, 많은 투자가가 이를 사용하여 성공적인 트레이딩을 하므로 사용법을 간단히 언급하고 지나가도록 하겠다.

| 그림 4-28 | 바이낸스 피보나치 되돌림 도구 사용법

(1) 시점에 자산 가격의 반등이 상승추세로 이어질지 아니면 상승이 꺾이고 하락추세로 반전할지 판단한다고 생각해 보자. 우선 피보나치 되돌림 도구를 그려야 하는데, 대상 영역의 최고 가격 시작점과 최저 가격 끝점을 사각형으로 그리면 영역을 자동으로 계산한다.

(2) 지점에서 0.618선을 돌파했기 때문에 자산 가격은 상승세가 강한 것으로 판단할 수 있으며 몇 분 후 자산 가격은 대세 상승으로 돌아선 것을 확인할 수 있다.

지금까지 다양한 기술적 분석 지표에 대해 살펴봤다. 캔들 차트에 다양한 기술 지표를 함께 표시해서 사용할 수 있으며 기술 지표를 계산하기 위한 옵션을 조정할 수 있다. 어떤 지표를 가지고 매매 타이밍을 결정할지, 그리고 어떤 옵션을 가지고 지표를 계산할지는 트레이더의 경험과 지식의 결과이다.

요컨대, 하나의 지표를 맹신하지 말고 다양한 지표를 활용하면서 안정적으로 수익을 만들 수 있는 알고리즘을 설계하는 것이 중요하다.

ALGORITHM
TRADING

국내 암호화폐 거래소에서는 아쉽게도 선물거래를 지원하지 않는다. 선물거래를 하려면 국외 거래소를 이용해야 한다. 많은 암호화폐 거래소가 있지만, 거래량이 가장 많아 호가가 밀리지 않는 바이낸스를 중심으로 선물거래를 알아보도록 하자.

이 장에서는 바이낸스 사이트에 대해 간단히 알아보고 계좌를 개설하는 방법을 알아본다. 또한, 국내 암호화폐 거래소에서 바이낸스로 코인을 입금하고 선물거래에 사용하는 테더코인(USDT)을 구매하는 방법을 알아보겠다.

외부에서 바이낸스로 코인을 입금하면 현물 지갑에 저장되는데, 이를 선물거래가 가능한 선물 지갑으로 전송해보고, 선물거래에 필요한 수수료 개념과 어떻게 하면 수수료를 절약할 수 있는지도 알아본다.

## 5 장

바이낸스
입문하기

01

바이낸스 소개

바이낸스는 중국계 캐나다인인 창펑 자오가 2017년 홍콩에서 설립하였다. 그러나 여러 가지 문제 때문에 현재 본사를 몰타로 이전한 상태이다. 바이낸스는 비트맥스 (bitmax)와 함께 세계 최대의 암호화폐 거래소이며 현물, 선물, 레버리지, 배틀과 같은 다양한 상품을 거래할 수 있다.

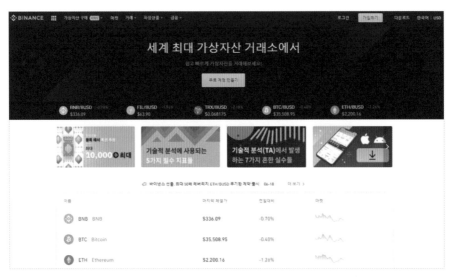

| 그림 5-1 | 바이낸스 홈페이지(binance.com)

바이낸스는 국외 거래소 중에서도 한글화가 잘되어 있는 편이다. 거래 메뉴뿐만 아니라 계정

관리 메뉴에서도 어색하지 않은 한글 설명을 확인할 수 있다.

바이낸스는 바이낸스 코인(BNB)라는 자체 코인도 발행하는데, 이를 활성화하기 위한 다양한 활동을 진행한다. 특히, 거래 수수료를 BNB로 지불하면 일정 부분을 할인하는 등 트레이더가 BNB 코인을 사용하도록 유도한다.

URL https://academy.binance.com/ko

| 그림 5-2 | 바이낸스 아카데미

또한, 바이낸스 아카데미를 통해 다양한 암호화폐 관련 정보, 트레이딩 경험, 각종 분석 자료를 공유하는 등 초보 투자자가 암호화폐 거래에 더 쉽게 진입할 수 있도록 지원한다.

바이낸스 계좌 개설

바이낸스에서 선물거래를 하려면 먼저 국내 암호화폐 거래소에 계좌를 개설해야 한다. 바이낸스에 직접 현금을 송금해서 암호화폐를 살 수 없으므로 먼저 국내 거래소에 계좌를 만들고 현금을 입금해서 암호화폐를 구매한 후 바이낸스로 송금해야 한다.

대표적인 국내 암호화폐 거래소로는 빗썸과 업비트가 있다. 현재 수수료 이벤트 등 업비트의 거래 수수료가 빗썸보다 더 저렴하지만, 송금이 주목적이라면 어떤 거래소에 계좌를 개설해도 큰 상관은 없다. 빗썸은 농협과, 업비트는 케이뱅크와 계좌가 연결되었으니 은행 거래가 편한 곳을 선택하는 것이 좋다.

| 그림 5-3 | 빗썸 회원 가입

필자는 빗썸에 계좌를 가지고 있으므로 빗썸을 중심으로 설명하겠다. 이미 농협 계좌가 있다면 상관은 없지만, 최근 금융사기 사건 증가에 따라 새로 개설한 계좌에는 많은 제약이 있다. 농협 계좌를 처음 만들었다면 1일 입출금 한도가 100만 원으로 제한되며 계좌 개설한 지 한 달 이내에 다른 은행에서 계좌를 개설할 수 없도록 막고 있다. 자유롭게 입출금하려면 급여통장으로 만들든지 주거래 계좌로 사용한다는 증명서를 은행에 제출해야 한다.

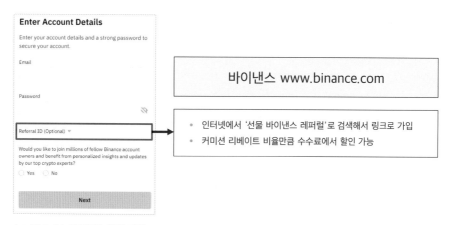

| 그림 5-4 | 바이낸스 회원 가입

바이낸스 회원 가입은 간단하다. 여기에서 유의해야 할 것은 레퍼럴 ID(추천인 ID)이다. 바이낸스에는 마케팅을 위해 회원이 배포한 레퍼럴 ID를 사용해서 다른 사람이 회원으로 가입하면 거래수수료의 일정 부분을 배포한 회원에게 나눠주는 정책이 있다.

레퍼럴 ID를 사용해서 회원 가입한 사람도 수수료 할인 혜택을 받을 수 있다. 레퍼럴 ID를 만들 때 자신의 수익과 레퍼럴 ID를 사용해서 회원 가입한 사람이 할인 비율을 설정할 수 있다. 회원 가입 시 레퍼럴 ID 아래에 '커미션 리베이트 비율' 항목을 확인하면 자신이 얼마나 수수료를 할인받을 수 있는지 확인할 수 있다.

레퍼럴 ID는 인터넷에서 쉽게 검색할 수 있으므로 될 수 있으면 '커미션 리베이트 비율'이 높은 레퍼럴 ID를 사용해서 회원 가입하는 것이 유리하다.

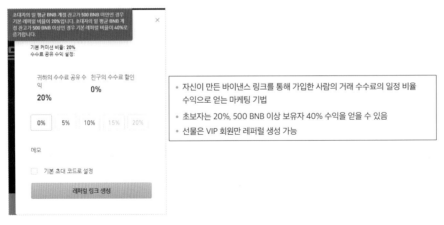

| 그림 5-5 | 바이낸스 레퍼럴

바이낸스 레퍼럴에 대해 좀 더 자세히 알아보자. 인터넷과 유튜브에서 바이낸스를 검색해 보면 다양한 콘텐츠를 제공하면서 동시에 자신의 레퍼럴 ID를 사용해 달라고 얘기하는 것을 자주 볼 수 있다. 자신이 배포한 레퍼럴 ID를 많이 사용하면 할수록 수익이 늘어나기 때문이다.

바이낸스 초보자는 수수료의 20%를 수익으로 얻을 수 있는 레퍼럴 ID를 만들 수 있고 500 BNB 이상 보유자는 40% 수익을 얻을 수 있는 레퍼럴 ID를 만들 수 있다. 레퍼럴 ID 만드는 사람은 자신의 수익과 회원 가입자의 수수료 할인 비율을 나눌 수 있는데, 20% 레퍼럴 ID를 만든다고 할 때 자신이 10% 그리고 회원 가입자가 10% 이렇게 레퍼럴 수익을 배분할 수 있다.

회원 가입할 때는 가능하다면 이 비율이 높은 레퍼럴 ID를 찾아 사용하는 것이 유리하다.

바이낸스 코인 입금

바이낸스로 코인을 입금하는 과정을 다소 복잡하다. 처음에는 좀 어렵게 느껴질 수 있지만, 한 번 익숙해지면 카카오 송금 기능을 사용하는 것처럼 간단하다.

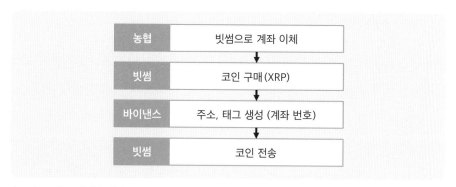

| 그림 5-6 | 코인 전송 절차

빗썸에서 바이낸스로 코인을 입금하려면 먼저 농협에서 빗썸으로 현금을 입금해야 한다. 신규 계좌라면 한도가 100만 원이므로 유의해야 한다. 다음으로, 빗썸에서 코인을 구매해야 하는데 비트코인, 이더리움, 리플 등 다양한 코인을 활용할 수 있지만, 소액 송금에 유리한 리플(XRP)을 사용해서 바이낸스로 송금해 보도록 하겠다.

빗썸에서 코인을 구매했으면 바이낸스에서 주소와 태그를 생성해야 한다. 현금을 송금할 때는 계좌 번호를 사용하지만 코인을 송금할 때는 주소와 태그를 사용한다. 코인에 따라서는 주소만 사용할 때도 있다.

이제 코인을 입금받을 주소와 태그가 생성되었다면 빗썸에서 주소와 태그를 입력하고 전송 버튼을 클릭하면 송금이 완료된다. 1~2분 후면 바이낸스 계좌로 코인이 전송된 것을 확인할 수 있다.

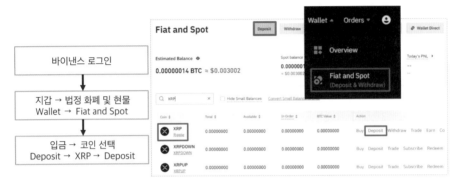

| 그림 5-7 | **송금할 코인 선택하기**

바이낸스 주소와 태그를 생성하는 방법에 대해 알아보자. 바이낸스 사이트에 로그인하고 오른쪽 위의 [지갑(Wallet)] 메뉴를 클릭하면 아래에서 [법정 화폐 및 현물(Fiat and Spot)] 메뉴를 확인할 수 있다. 클릭하면 코인을 선택할 수 있는 화면이 뜬다. 이 화면 검색 창에 입금받을 코인(XRP)을 입력하면 주소와 태그를 확인할 수 있다. 검색된 코인 오른쪽에 있는 <Deposit>을 누르면 다음 화면으로 이동할 수 있다.

| 그림 5-8 | **코인 입금 주소 확인하기**

먼저 입금받을 코인을 선택한다. 앞 화면에서 선택한 코인이 기본적으로 들어가 있다. 물론 이 화면에서도 송금받을 코인을 바꿀 수 있다. 다음으로, 코인을 전송할 네트워크를 선택한다. BSC(BNB Smart Chain)를 선택하면 입금 주소가 기본적으로 생성된 것을 확인할 수 있다. 이제 화면 하단에 나오는 입금 주소(Address)를 복사한다.

| 그림 5-9 | 빗썸에서 바이낸스로 송금

이제 빗썸에서 바이낸스로 코인을 송금해보자. 송금하기 전에 먼저 코인을 구매해야 한다. 코인을 구매했다면 [지갑관리] → [출금] 메뉴로 이동하여 송금할 코인을 입력하고 바이낸스에서 생성한 주소와 태그를 입력하면 된다.

한가지 주의할 점은 농협에서 빗썸으로 현금을 입금했다면 24시간이 지난 다음에 빗썸에서 코인을 다른 사이트로 송금할 수 있다. 금융사고를 막으려는 조치로 보인다.

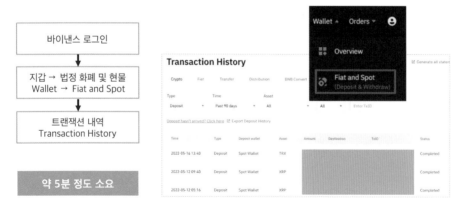

| 그림 5-10 | 바이낸스에서 입금 내역 확인

빗썸에서 바이낸스로 송금을 완료했으면 바이낸스 사이트에 들어가서 코인이 잘 입금이 됐는지 확인해봐야 한다. [지갑(Wallet)] → [법정화폐 및 현물(Fiat and Spot)] 메뉴에 들어가면 [트랜잭션 내역(Transaction History)] 탭이 있는데, 입금 후 5분 후면 코인이 들어와 있는 것을 확인할 수 있다.

바이낸스 주요 코인

바이낸스에서도 다른 사이트에서 거래되는 코인 대부분을 거래할 수 있다. 비트코인, 리플, 이더리움부터 바이낸스 자체적으로 발행한 BNB까지 헤아릴 수 없을 정도로 많은 코인이 있다. 유명한 코인은 잘 알므로 선물거래에 사용하는 두 개의 핵심 코인을 알아보도록 하자.

BNB	• 바이낸스에서 자체 발행한 코인 • 코인을 활성화하기 위해 BNB를 구매해서 수수료를 지불하면 일정 비율 할인 • 거래수수료를 절약하기 위해 구매 필요
USDT	• 달러에 고정된 코인(테더)으로, 1USDT = 1 달러 • 코인 가격의 변동성을 줄이고자 사용하는 코인 • 일반적으로 USDT 코인을 구매해서 거래함

| 그림 5-11 | BNB와 USDT

바이낸스에서 가장 중요한 코인은 바로 BNB이다. BNB는 바이낸스에서 자체적으로 발행한 코인으로, 투자자가 BNB를 구매해서 거래수수료를 내면 수수료의 일정 부분을 할인해 준다. BNB 코인을 활성화하기 위한 다양한 정책 중 하나이다. 따라서

알고리즘 트레이딩을 하고자 코인을 바이낸스로 입금했다면 가장 먼저 해야 할 일은 코인의 일정 부분을 BNB로 바꾸는 것이다.

다음으로, 중요한 것이 테더(UDST) 코인이다. 테더는 가격이 달러에 고정된 스테이블 코인이다. 스테이블 코인의 역할은 시시각각으로 변하는 코인의 변동성을 줄이는 것이다. 테더는 비트코인, 이더리움, 리플에 이어 세계에서 네 번째로 많이 거래하는 코인이다.

달러와 동일한 가치를 유지하고자 테더 코인 하나가 시장에 유통될 때마다 홍콩에 있는 테더 사에 1달러를 예치한다. 따라서 테더는 법정통화인 달러와 암호화폐와의 연결고리 역할을 한다.

투자자가 BNB를 구매한 다음 바로 해야 하는 일은 모든 코인을 테더로 교환하는 것이다. 리플을 입금해서 그대로 가지고 있다면 거래를 하지 않은 상태에서 손실이 발생할 수 있기 때문이다.

바이낸스 상품 종류

바이낸스는 현물 코인을 이용해서 다양한 상품을 지속적으로 개발한다. 현물을 이용한 상품에는 일반 현물거래, P2P, 마진, 주식 토큰이 있으며 파생상품으로는 USDs-M 선물, COIN-M 선물, 바닐라 옵션, 레버리지 토큰, 배틀과 같은 상품이 있다.

현물	일반 암호화폐 거래
P2P	개인간 거래를 중개, 암호화폐로 원화를 구매하여 계좌로 전송 가능
마진	현물을 자신이 가진 자산 이상으로 매수할 수 있는 기능 코인을 빌려서 매수하므로 이자 발생
주식 토큰	애플, 테슬라 등 주식 가격과 연동된 암호화폐 거래 주식과 같이 배당을 받을 수 있음

| 그림 5-12 | 현물 상품

일반 현물 상품은 코인을 사고파는 상품이다. 우리가 아는 일반적인 코인 거래라고 생각하면 된다. P2P는 개인 간의 거래를 직접 연결하는 상품인데, 일반적으로 테터(USDT) 코인으로 원(Won)화를 직접 구매하는 거래를 많이 한다. 마진은 자신의 현

물 지갑에 보유한 코인의 가치보다 더 많은 코인을 구매할 수 있도록 하는 거래이다. 물론 부족한 코인은 바이낸스에서 대여해 주며 이에 대한 수수료, 즉 이자를 부담해야 한다. 마지막으로 주식 토큰은 미국 주식 시장에 상장된 주식을 기반으로 만든 코인이다. 애플, 테슬라 등 대표적인 몇 개의 대표 주식을 기반으로 만들어졌는데 주식 가격에 코인 가격이 연동하며 배당 또한 받을 수 있다. 미국 주식에 관심이 있는 사람에게 적합한 상품이라 할 수 있다.

USDs-M 선물	USDT를 증거금(마진)으로 선물거래 롱 또는 숏 포지션을 오픈하고 클로즈하면서 매매
COIN-M 선물	일반적 코인을 증거금으로 선물거래 BTC 선물은 BTC 코인으로 ETH 선물은 ETH 코인으로만 거래 가능
옵션	옵션은 상품을 미리 정해진 가격으로 미래에 사거나 팔겠다는 약속에 대한 권리를 사고 파는 상품
레버리지 토큰	암호화폐 가격의 1.25 배에서 4배 사이의 수익을 거둘 수 있는 상품
배틀	트레이더 간에 롱/숏을 예측하여 1 대1 로 베팅하는 상품

| 그림 5-13 | 파생상품

USDs-M 선물 상품은 지금까지 설명한 선물의 개념에 해당하는 상품으로, 이 책에서 중점적으로 다룬다. 테더(UDST) 코인을 증거금으로 하며 롱 또는 숏 포지션을 오픈하고 오픈한 포지션을 적절한 시점에 클로즈하면서 매매가 이루어진다.

COIN-M 선물 상품은 일반적인 코인을 증거금으로 하는 선물거래 상품이다. 비트코인 선물을 거래할 때는 증거금으로 비트코인을 사용하며, 이더리움 선물을 거래할 때는 증거금으로 이더리움을 사용한다.

옵션 상품을 이해하려면 먼저 선물과 옵션의 차이를 알아야 한다. 선물은 상품을 미리 정해진 가격으로 미래에 사거나 팔겠다는 약속을 하는 것이다. 반면 옵션은 상품을 미리 정해진 가격으로 미래에 사거나 팔겠다는 약속에 대한 권리를 사는 것이다. 이 권리를 옵션이라고 하는데, 권리에 대한 가격을 프리미엄이라 한다. PC에서는 유럽식 옵션 상품이 제공되며, 모바일에서는 미국식 옵션이 제공되는데, 바닐라 옵션은 유럽식 옵션이다. 미국식 옵션은 계약 만기일 전에 권리를 행사할 수 있지만, 유럽식 옵션은 계약 만기일에만 권리를 행사할 수 있다는 차이점이 있다. 옵션 상품을 상세히 이해하는 것은 선물을 이해하는 것보다 많은 시간이 소요되므로 선물 상품 알고리즘 트레이딩을 설명하는 이 책에서는 구체적으로 다루지는 않겠다.

레버리지 토큰 상품은 선물을 토큰으로 만들어 둔 것이다. 암호화폐 가격 변동의 1.25배에서 4배 사이의 수익을 얻을 수 있다. 물론 예상과 반대 방향으로 가격이 움직인다면 손실 또한 커진다. 두 가지 방식으로 베팅할 수 있는데, 비트코인을 예로 들면 BTCUP은 올라갈 것을 예상해서 베팅하는 것이고 BTCDOWN은 내려갈 것을 예상해서 베팅하는 것이다. 쉽게 이해하기 위해서 주식 시장의 곱버스와 같다고 이해하면 된다.

배틀 상품은 COIN-M 선물의 BTC 선물 기반으로 한 상품이다. 다른 트레이더와 1대1로 거래(배틀)하는 방식인데, 각자 롱/숏 포지션을 선택하고 자산 가격이 상승한다면 롱 포지션을 선택한 쪽이 베팅 금액을 가져가고 자산 가격이 하락한다면 숏 포지션을 선택한 쪽이 베팅 금액을 가져가는 상품이다.

이 책에서는 파생상품 중에 다양한 거래 모드를 지원하고 거래량이 많은 USDs-M 선물 상품 중심으로 트레이딩 알고리즘을 설계하도록 한다.

바이낸스 지갑

지갑(Wallet)은 코인 저장되는 저장소를 말한다. 빗썸에서 리플(XRP)을 바이낸스로 이체하면 코인은 현물 지갑에 저장된다. 지갑의 개념과 기능에 대해 알아보기 전에 먼저 전환(Convert)과 전송(Transfer)의 개념에 대해 알아보도록 하자.

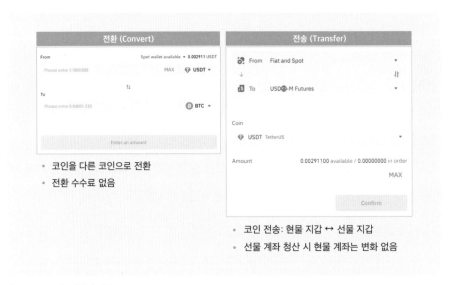

| 그림 5-14 | 전환과 전송

전환(convert)은 코인을 다른 코인으로 바꾸는 것이다. 리플(XRP)을 입금받아 테더

(USDT)로 바꾸고 싶다면 전환 기능을 사용하면 된다. 코인을 다른 코인으로 전환할 때는 별도의 수수료가 필요없다. 전송(transfer)은 코인을 현물 지갑에서 선물 지갑으로 전송하거나 그 반대를 말한다.

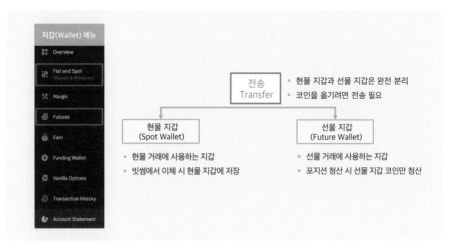

| 그림 5-15 | 바이낸스 지갑

바이낸스에서는 현물 지갑(Spot Wallet)과 선물 지갑(Future Wallet)을 따로 관리한다. 선물 트레이딩을 하다가 예측과 반대로 가격이 하락하거나 상승하면 계좌가 청산될 수가 있는데, 이 경우 현물 계좌에 든 코인은 청산되지 않는다.

현물 지갑과 선물 지갑을 별도로 관리하는 이유는 계좌에 있는 모든 코인이 청산되는 것을 방지하여 트레이더가 보다 안전하게 선물거래를 할 수 있도록 지원하기 위해서이다.

마진 모드

마진은 앞에서 포지션을 오픈했을 때 보유해야 하는 현금의 최소치라고 언급했다. 바이낸스는 마진을 다루는 두 가지 방식을 제공하는데, 하나는 교차마진(cross margin)이고 다른 하나는 격리마진(isolated margin)이다. 교차마진은 포지션을 오픈했을 때 계산된 마진과 선물 지갑에 보유한 현금(정확히 말하면 테더 코인)을 같이 사용한다는 얘기이다. 격리마진은 이와 반대로 포지션을 오픈했을 때 계산된 마진 이상으로 자산 가격이 떨어지면(롱 포지션, 숏 포지션의 경우 자산 가격 상승) 바로 포지션이 청산된다.

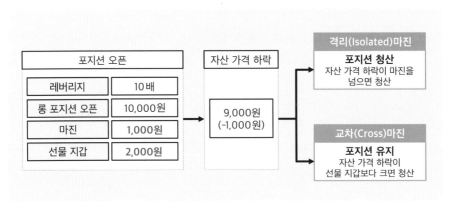

| 그림 5-16 | 마진 모드

10배의 레버리지를 사용해서 10,000원의 롱 포지션을 오픈한 경우를 생각해보자. 이때 마진은 1,000원으로 계산한다. 포지션을 오픈한 지 얼마되지 않아 자산 가격이 1,000원 하락해서 9,000원이 될 때를 생각해 보자. 마진만큼 자산 가격이 하락했지만, 선물 지갑에는 이보다 많은 2,000원이 있다.

격리마진이라면 선물 지갑 전체를 사용하지 않고 오픈 포지션에 할당된 마진만큼 사용한다. 즉, 자산 가격이 마진 이상으로 하락했기 때문에 포지션은 청산되고 선물 지갑에서는 마진만큼 금액이 차감되어 1,000원만 남게 된다.

교차마진을 사용한다면 선물 지갑에 있는 모든 현금을 마진으로 사용하므로 포지션이 청산되지 않는다. 물론 자산 가격이 2,000원 이상 하락하면 선물 지갑에 있는 모든 현금을 마진으로 사용해도 부족하기 때문에 포지션이 청산된다.

격리마진과 교차마진을 정확하게 이해하고 트레이딩을 해야 한다. 레버리지를 많이 사용해서 포지션을 오픈하면 위험이 크므로 격리마진을 설정하는 것이 위험 관리에 유리할 수 있다. 하지만, 포지션이 쉽게 청산될 위험 또한 존재한다.

포지션 모드

바이낸스에서는 단방향(one-way)과 헤지(hedge) 두 가지 포지션 모드를 제공한다. 단방향 모드는 한 번에 한쪽의 포지션만 오픈할 수 있고 헤지 모드는 양쪽 포지션을 동시에 오픈할 수 있다.

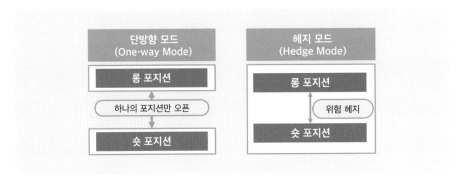

| 그림 5-17 | 포지션 모드

단방향 모드에서는 롱 포지션을 오픈했다면 추가로 롱 포지션을 더 오픈하는 것은 가능하지만 숏 포지션을 오픈하는 것은 불가능하다. 숏 포지션을 오픈하려면 롱 포지션을 클로즈해야 한다.

헤지 모드에서는 롱 포지션을 오픈하고 동시에 숏 포지션을 오픈할 수 있다. 여기에서 헤지(hedge)란 위험을 방지한다는 의미이다. 롱 포지션을 오픈했다면 자산 가격이 오르면 수익을 얻지만 떨어지면 손실을 본다. 반면에 숏 포지션을 오픈했다면 자산 가격이 내려갈 때 수익을 얻을 수 있다. 서로 반대 방향으로 동시에 베팅한다면 자산 가격이 급격히 하락하거나 상승할 때 발생할 수 있는 위험을 어느 정도 줄일 수 있다.

헤지 모드를 이용하면 다양한 트레이딩 전략을 구사할 수 있다. 자산 가격이 소폭 상승과 소폭 하락을 반복하는 박스권에 갇혀 있다면 롱 포지션과 숏 포지션을 동시에 오픈하고 자산 가격이 상승하면 롱 포지션을 클로즈하고 다시 자산 가격이 하락하면 숏 포지션을 클로즈하면 단방향 모드로 투자하는 것보다 2배의 수익을 거둘 수 있다.

무기한 선물 주문 방식

현물에서는 단순히 매수와 매도 기능만을 제공하지만, 선물거래에서는 다양한 주문 방식을 제공한다. 다양한 주문 방식은 알고리즘 트레이딩에서 다양한 전략을 구사할 수 있는 기본 바탕이 된다.

지정가 Limit	트레이더가 지정한 가격(Limit Price)으로 포지션 오픈/클로즈
시장가 Market	시장가(Market Price)로 포지션 오픈/클로즈
포스트 온리 Post Only	반드시 지정가(Limit Price)으로 포지션 오픈/클로즈
스톱 리미트 Stop Limit	지정된 가격(Stop Price)에 도달하면 지정가로 포지션 클로즈
스톱 마켓 Stop Market	지정된 가격(Stop Price)에 도달하면 시장가로 포지션 클로즈
추적 손절매 Trailing Stop	가격이 지정된 비율만큼 반대 방향으로 움직이면 거래 포지션 시장가 클로즈

| 그림 5-18 | 주문 방식

가장 기본적인 것은 지정가(Limit) 주문이다. 트레이더가 지정한 가격에 도달하면 포지션이 오픈 또는 클로즈된다.

시장가(Market) 주문은 트레이더가 가격을 지정하지 않고 시장에서 거래되는 가격으로 포지션이 오픈 또는 클로즈된다. 시장가 주문이라면 주문 즉시 거래가 체결된다는 장점이 있지만, 거래수수료가 지정가 주문의 2배가 된다는 단점이 있다.

포스트 온리(Post Only) 주문은 반드시 지정가로 거래가 체결되는 주문이다. 지정가 주문에서는 일반적으로 트레이더가 지정한 가격으로 거래가 체결되지만, 주문이 많이 몰린다면 시장가로 거래가 체결되기도 한다. 포스트 온리 주문을 하면 주문이 몰려서 지정가로 체결되지 않을 때 주문을 취소한다.

스톱 리밋(Stop Limit) 주문은 트레이더가 지정한 가격(Stop Price)에 도달하면 지정가로 포지션을 클로즈하는 주문이다. 미리 오픈된 포지션에 대해서만 스톱 리밋 주문을 추가로 넣을 수 있다.

스톱 마켓(Stop Market) 주문은 스톱 리밋 주문과 비슷하지만, 지정가가 아닌 시장가로 포지션을 클로즈한다는 차이점이 있다.

추적 손절매(Trailing Stop) 주문은 손절매 비율을 미리 정해 놓고 지정된 가격(Stop Price)에 도달하면 미리 등록한 비율에 따라 포지션을 시장가로 종료하는 주문이다. 한꺼번에 포지션을 종료하는 스톱 마켓 주문과 달리 트레이더가 지정한 비율에 따라 종료되기 때문에 좀 더 정교하게 트레이딩 전략을 세울 수 있다는 장점이 있다.

바이낸스에서 COIN-M 선물 화면을 처음 열면 다양한 기능과 정보로 구성된 화면이 다소 당황스러울 수 있다. 주식 거래 화면과 비슷한 것이라고는 캔들 차트 밖에 없다.

COIN-M 선물 화면을 자유자재로 사용하려면 간단하게나마 먼저 화면 구성을 공부하는 것이 좋다. 생각지도 못한 많은 기능을 제공하지만, 일반적으로 많이 사용하는 기능을 7가지 영역으로 나누어 살펴보도록 하자.

## 6장

바이낸스 선물
화면 살펴보기

01

전체 화면 구성

COIN-M 선물 화면은 기본적으로 선물거래와 관련한 거의 모든 기능을 제공한다.
거래뿐만이 아니라 거래를 위한 자산의 구매와 이동을 한 화면에서 모두 이용할 수
있다.

| 그림 6-1 | 전체 화면 구성

바이낸스 선물거래 화면은 요약 정보, 차트, 호가, 거래 현황, 주문, 거래 내역, 마진

비율 이렇게 7개 영역으로 구분할 수 있다.

(1) 요약 정보 영역에서는 선택한 상품에 대한 간단한 정보를 보여 주는데, 대표적으로 현재 가격과 고가/저가 그리고 거래량을 많이 활용한다.

(2) 차트 영역에서는 거래 내역을 다양한 형태의 차트로 보여 주는데, 가장 많이 사용하는 것이 캔들 차트이다. 설정에 따라 차트와 위에 기술 지표와 거래 내역을 함께 표시할 수 있다. 일반적으로 차트 영역을 보고 트레이딩을 어떻게 할지 판단한다.

(3) 호가 영역에서는 매도 주문과 매수 주문 현황을 확인할 수 있다. 거래량과 가격이 함께 표시되기 때문에 거래의 힘을 가늠할 수 있다.

(4) 거래 현황 영역에서는 시간별로 체결된 가격과 수량을 표시한다. 현재 거래하는 자산의 거래 현황을 조회할 수 있다.

(5) 주문 영역에서는 자산에 대해 다양한 주문을 할 수 있는 기능을 제공한다. 포지션을 오픈할 수도 있고 이익 실현 주문이나 손실 최소화 주문을 할 수 있다. 거래 판단에 필요한 간단한 정보도 조회할 수 있다.

(6) 거래 내역 영역에서는 거래와 자산과 관련된 정보를 조회할 수 있다. 오픈된 포지션 관련 정보와 미체결된 주문 내역, 그리고 지금까지 거래한 모든 히스토리를 조회할 수 있다.

(7) 마진 비율 영역에서는 현재 오픈한 포지션과 관련된 위험성을 조회할 수 있다. 특히 마진 비율과 유지 마진을 통해 계좌가 언제 청산될지 계산할 수 있다. [그림 6-1]에서는 볼 수 없지만 마진 비율 아래에는 자산을 관리할 수 있는 영역이 있다. 자산을 구매하거나 이동할 수 있는 기능을 제공한다.

요약 정보

요약 정보 영역에서는 자산이 현재가와 지난 24시간 동안 거래된 요약 정보를 확인할 수 있다. 또한, 조회 기능으로 관심 있는 다른 자산을 검색할 수도 있다.

| 그림 6-2 | 자산 검색

화면 왼쪽의 자산 코드를 클릭하면 자산 검색 화면이 나온다. 관심 있는 자산을 검색할 수 있으며 별표를 누르면 관심 항목으로 등록할 수도 있다. 관심 항목으로 등록하면 요약 정보 위쪽에 리스트가 표시되고 이를 클릭하면 별도의 검색 과정 없이 해당 자산의 거래 화면으로 이동할 수 있다.

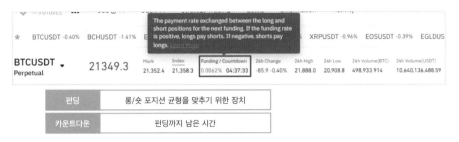

펀딩	롱/숏 포지션 균형을 맞추기 위한 장치
카운트다운	펀딩까지 남은 시간

| 그림 6-3 | 펀딩/카운트다운

요약 정보 영역에서 확인할 수 있는 정보 중 펀딩/카운트다운(funding/countdown)이 있다. 펀딩은 롱/숏 포지션 균형을 맞추기 위한 장치이다. 롱 포지션이 많이 오픈되었으면 숏 포지션에 대해 시스템이 펀딩을 한다. 양수이면 롱 포지션이 숏 포지션에게 해당 비율만큼 펀딩 피(funding fee)를 지급하고 음수이면 숏 포지션이 롱 포지션에게 펀딩 피를 지급한다.

[그림 6-3]에서는 0.0100%로 표시됐으므로 롱 포지션이 숏 포지션에게 오픈한 포지션의 0.0100%만큼 펀딩 피를 지급한다. 이럴 때는 일반적으로 자산 가격이 오르는 상황이다. 대부분의 트레이더는 롱 포지션을 오픈할 것이다. 이럴 때는 시스템의 균형이 무너져 거래 체결이 안 될 수 있으므로 롱 포지션을 오픈하는 것에 대한 패널티를 물려 숏 포지션 오픈을 유도한다. 이것이 바로 펀딩 피이다.

차트

차트 영역을 트레이딩을 할 때 가장 많이 참조하는 영역이다. 자산의 가격과 거래량을 시계열로 시각화했으므로 투자 판단에 기초가 되는 정보를 가장 효율적으로 전달한다.

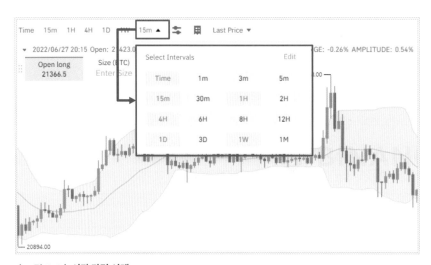

| 그림 6-4 | 시간 간격 선택

화살표가 있는 위쪽 마지막 시간을 클릭하면 시간 간격을 선택할 수 있는 화면이 나온다. 짧은 시간을 선택하면 자산의 현재 추세를 볼 수 있고 긴 시간을 선택하면 자

산의 장기적인 추세를 살펴볼 수 있다.

| 그림 6-5 | 기술 지표 선택

시간 가격 오른쪽 아이콘을 클릭하면 지표 유형을 선택할 수 있는 화면이 나온다. 지표는 메인 지표와 서브 지표로 나뉜다. 메인 지표는 차트 위에 겹쳐져서 표시된다. 대표적인 메인 지표는 이동평균과 볼린저밴드(BOLL), 그리고 VWAP이다. [그림 6-5]에서는 볼린저밴드와 VWAP를 같이 표시했다. 너무 많은 메인 지표를 선택하면 서로 구분하기 어려우므로 자신이 선호하는 지표 2개 정도만 선택하는 것이 좋다.

서브 지표를 선택하면 차트 아랫부분에 순서대로 표시된다. 이 또한 너무 많은 지표를 선택하면 화면이 위아래로 너무 길어지기 때문에 데이터를 보기가 어렵다. 2개 정도의 서브 지표를 선택하는 것이 좋다.

04

호가와 거래 현황

호가 화면을 살펴보자. 바이낸스에서 사용하는 이름은 오더 북이다. 호가는 거래자의 매수와 매도 주문을 가격대별로 묶어서 보여주는 것이다. 매수와 매도의 힘겨루기를 한 눈에 볼 수 있고 지금 어떤 가격에 주문을 넣을지 판단하는 기준으로 사용할수 있다.

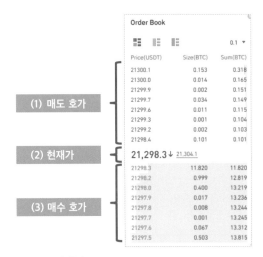

| 그림 6-6 | 호가

[그림 6-6]에서 (1) 매도 호가 영역은 숏 포지션 오픈이나 롱 포지션 클로즈 주문이다.

(2) 현재가는 매수와 매도 주문이 만나는 지점으로, 현재 주문이 체결되는 가격이다.

(3) 맨 아래에 있는 영역이 매수 호가 영역인데, 이는 롱 포지션 오픈이나 숏 포지션 클로즈 주문이다.

주식은 자산의 매수와 매도에 대한 명확한 개념이 있기 때문에 호가 화면을 이해하기 쉽지만, 선물은 롱/숏 포지션 오픈과 롱/숏 포지션 클로즈 각각 4개의 개념이 있으므로 호가 화면을 이해하기가 조금 어렵다. 이럴 때는 자산 가격의 하락에 이익을 얻을 때 매도, 반대로 자산 가격이 상승에 이익을 얻을 때 매수로 이해하면 쉽다.

| 그림 6-7 | 거래 현황

호가 화면 아래에는 거래 현황 화면이 있다. 거래 현황은 시간별로 거래된 가격과 거래량을 보여주는 화면이다. 바이낸스에서는 거래량을 '금액'으로 표기했는데, 번역 실수인 듯하다.

주문 영역

바이낸스 선물 화면에서 가장 기능이 많은 것이 주문 영역이다. 오픈과 클로즈를 선택할 수 있고 다양한 형태의 주문을 할 수 있으며 주문하기 전 목표 가격, 청산 가격, 최대 개설 등 주문 이후에 변화될 계좌의 상태를 미리 계산해 볼 수 있다.

| 그림 6-8 | 오픈과 클로즈

화면 위에 [오픈]과 [클로즈]가 있는데, [오픈]을 선택하면 화면 아래에 <롱 오픈>과 <숏 오픈> 버튼이 나타나고 가격과 크기를 입력 후 주문을 오픈할 수 있다. 반대로

[클로즈]를 선택하면 <롱 클로즈>와 <숏 클로즈> 버튼이 나타나고 주문을 클로즈할 수 있다.

| 그림 6-9 | 레버리지 조정

상단 교차 버튼 옆에 <숫자x> 버튼을 누르면 레버리지를 조정할 수 있는 버튼이 나온다. 원하는 레버리지를 입력한 후 확인 버튼을 누르면 이제부터 모든 주문에는 선택한 레버리지가 적용된다.

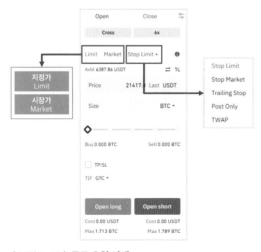

| 그림 6-10 | 주문 유형 선택

다음으로, <지정가(Limit)>와 <시장가(Market)> 버튼을 누르면 주문 가격 유형을 선택할 수 있다. <지정가>를 누르면 가격 입력 항목이 나타나고 지정한 가격에 주문이 들어간다. <시장가>를 누르면 가격 입력 항목이 사라지고 단지 크기만을 지정해서 주문할 수 있다. 체결은 현재가로 체결된다.

그림을 기준으로 오른쪽에는 [스톱 리미트]가 있다. 이를 누르면 주문 유형을 다시 선택할 수 있다. 원하는 주문 유형을 선택 후 클릭하면 된다.

| 그림 6-11 | 계산기

주문 영역에서 또 하나 특징적인 것은 계산기이다. 선물은 레버리지를 사용하기 때문에 가격이 어느 정도일 때 계좌가 청산되는지 미리 예상하는 것이 중요하다. 이때 계산기를 사용하면 사용한 레버지리에 대해 현재 보유한 잔고로 얼마 가격에 얼마만큼의 자산을 구매했을 때 청산 가격을 계산할 수 있다.

거래 내역

주문이 들어가거나 주문이 체결되어 포지션이 오픈 또는 클로즈됐을 때의 상태를 모니터링할 필요가 있다. 바이낸스에서는 선물 화면 아래에 다양한 관점의 거래 내역을 제공한다.

Positions(0)	Open Orders(3)	Order History	Trade History	Transaction History	Assets				Hide Other Symbols	
Time	Symbol	Type	Side	Price	Amount	Filled	Reduce Only	Post Only	Trigger Conditions	TP/
2022-06-27 21:01:51	BTCUSDT Perpetual	Limit	Open Short	21,500.00	0.500 BTC	0.000 BTC	No	No	--	--
2022-06-26 22:20:40	BTCUSDT Perpetual	Limit	Open Short	22,400.00	0.500 BTC	0.000 BTC	No	No	--	--
2022-06-26 22:20:29	BTCUSDT Perpetual	Limit	Open Short	21,800.00	0.500 BTC	0.000 BTC	No	No	--	--

포지션 Position	오픈 된 포지션(롱/숏)
대기 주문 Open Orders	체결되기 전 주문(롱/숏/이익 실현/손실 최소화)
주문 내역 Order History	모든 주문 내역(체결/미체결)
거래 내역 Trade History	체결된 주문 내역(롱/숏 포지션 오픈, 이익 실현/손실 최소화)
트랜잭션 내역 Transaction History	이익 실현, 커미션, 펀딩 수수료
자산 Assets	오픈 포지션의 수익 현황

| 그림 6-12 | 거래 내역

포지션 항목에서는 오픈된 롱/숏 포지션 정보를 조회할 수 있다. 시간 차이를 두고 여러 개의 포지션을 오픈하는데, 이때 롱/숏 포지션 각각 수량은 누적되고 가격은 평균으로 계산되어 롱/숏 포지션 각각 2개로 합산된다. 즉, 자산마다 최대 2개의 포

지션이 오픈되는 것이다.

대기 주문 항목에서는 체결되기 전 주문을 확인할 수 있는데, 롱/숏/이익 실현/손실 최소화 주문을 확인할 수 있다.

주문 내역 항목에서는 체결되었거나 미체결 상태에 있는 모든 주문을 확인할 수 있다.

거래 내역 항목에서는 체결된 주문을 확인할 수 있다. 롱/숏 포지션이 오픈되거나 이익 실현 주문, 그리고 손실 최소화 주문이 체결된 내역을 확인할 수 있다.

트랜잭션 내역 항목에서는 이익 실현 내역, 커미션 징수 내역 그리고 펀딩 수수료를 확인할 수 있다.

마지막으로 자산 내역에서는 오픈 포지션의 현재 수익 현황을 확인할 수 있다.

마진 비율과 자산 관리

선물 화면에서 마지막으로 살펴볼 내용은 마진 비율과 자산 관리 항목이다.

마진 비율 Margin Ratio	유지 마진 / 마진 잔고 → 100% 이면 청산
유지 마진 Maintenance Margin	포지션을 유지하기 위해 필요한 최소 잔고
마진 잔고 Margin Balance	미실현 손익을 포함한 잔고

| 그림 6-13 | 마진 비율

마진 비율 항목에서는 마진 비율(Margin Ratio), 유지 마진(Maintenance Margin), 마진 잔고(Margin Balance)를 확인할 수 있다. 유지 마진의 포지션을 유지하는 데 필요한 최소한의 잔고를 의미한다. 마진 잔고는 미실현 손익을 포함한 잔고이다.

미실현 손익이란 예를 들어 롱 포지션을 오픈했을 때 예상과 다르게 현재 자산 가격이 매입 가격보다 하락한다면 포지션에는 손실이 발생한다. 포지션을 클로즈하지 않으면 손실은 잔고에서 빠지지 않고 계속 포지션에 미실현 손익으로 잡힌다. 포지션을 클로즈할 때 비로소 이 미실현 손익은 실현되어 계좌에서 빠진다.

마진 비율은 유지 마진을 마진 잔고로 나눈 비율인데, 마진 비율이 100%가 되면 계좌가 청산된다. 트레이딩 시점에서는 마진 비율을 항상 체크하면서 계좌가 청산까지 얼마나 남았는지 확인하는 것이 굉장히 중요하다.

가상 자산 구매 Buy Crypto	현금으로 가상 자산 구매
전환 Convert	선물 지갑 내에서 가상 자산 전환
전송 Transfer	선물 지갑과 현물 지갑 간 가상 자산 전송
지갑 잔고 Balance	현재 지갑의 잔고(미실현 손익 미포함)
미실현 손익 Unrealized PNL	오픈 포지션의 수익 현황

| 그림 6-14 | 자산 관리

바이낸스 선물 화면의 편리한 점은 다른 화면으로 이동 없이 자산 관리도 하나의 화면에서 할 수 있다는 것이다.

가상 자산 구매 기능은 가상 자산이 부족할 때 현금으로 가상 자산을 바로 구매할 수 있는 기능을 지원한다.

전환 기능은 선물 지갑 내에서 가상 자산 간 전환을 지원한다. USDT에서 BNB 토큰으로 자산을 전환할 수 있다. 이와 반대 방향도 가능하다.

전송 기능은 선물 지갑과 현물 지갑 간에 가상 자산을 이동할 수 있는 기능을 지원한다. 트레이딩을 잘해서 선물 지갑에 돈이 많이 불어났다면 현물 지갑으로 자산을 이동해서 계좌 청산에 대비하는 것이 좋다.

아랫부분에는 현재 자산 현황을 조회할 수 있는데 지갑 잔고, 미실현 손익, 그리고 보유한 BNB 토큰의 수량을 확인할 수 있다.

지금까지 바이낸스 선물 화면의 기능에 대해 살펴봤다. 이 밖에도 기능은 다양하지만, 처음부터 모든 기능을 배우려면 너무 많은 시간이 걸린다. 우리의 목적은 것은 바이낸스 선물 화면으로 직접 트레이딩하는 것이 아니라 오픈 API와 자신만의 알고리즘을 활용해서 트레이딩봇을 만드는 것이므로 꼭 필요한 기능만 살펴보고 넘어가도록 하자.

ALGORITHM
TRADING

지금까지 비트코인 알고리즘을 구현하기 위한 이론적 배경에 대해 알아봤다. 이제부터는 본격적으로 프로그램을 코딩해 보자. 이번 장에서는 코딩에 필요한 환경을 구성하고 프로그래밍에 필요한 도구를 알아볼 것이다. 파이썬은 3.7.7 버전을, 개발 도구로는 파이참과 주피터 노트북 모두를 사용한다.

개발 환경 설정하기

파이썬 설치하기

파이썬을 설치할 때 가장 먼저 해야 할 일은 홈페이지에서 설치 파일을 내려받는 것이다. 홈페이지에 들어가 보면 다양한 파이썬 버전이 있는데, 최신 버전이라면 프로그램에서 사용해야 하는 패키지가 지원하지 않을 수 있기 때문에 출시된 지 좀 지난 3.7.7 버전을 내려받도록 하겠다.

URL https://www.python.org/downloads/

Release version	Release date		Click for more
Python 3.6.11	June 27, 2020	⬇ Download	Release Notes
Python 3.8.3	May 13, 2020	⬇ Download	Release Notes
Python 2.7.18	April 20, 2020	⬇ Download	Release Notes
Python 3.7.7 (1)	March 10, 2020	⬇ Download (2)	Release Notes
Python 3.8.2	Feb. 24, 2020	⬇ Download	Release Notes
Python 3.8.1	Dec. 18, 2019	⬇ Download	Release Notes
Python 3.7.6	Dec. 18, 2019	⬇ Download	Release Notes

| 그림 7-1 | 파이썬 버전 선택

홈페이지에 방문하면 중간쯤에 파이썬 버전별로 내려받기 페이지로 이동할 수 있는 링크가 있다. 사용할 버전은 3.7.7 버전이므로 관련 파일을 받을 수 있는 링크로 이동하자.

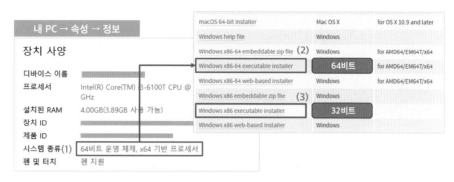

| 그림 7-2 | 파이썬 설치 파일 내려받기

사용하는 PC 환경에 알맞은 설치 파일을 내려받아야 한다. 파일 탐색기에서 [내 PC]를 마우스 오른쪽 버튼으로 클릭하고 [속성]을 선택하면 PC에서 사용하는 시스템 종류를 확인할 수 있다. 64비트 운영체제라면 Windows x86-64 executable installer를 내려받고 32비트라면 Windows x86 executable installer를 내려받는다.

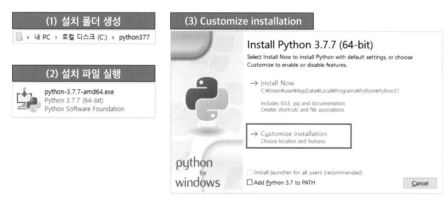

| 그림 7-3 | 설치 폴더 생성

설치 폴더를 별도로 지정하지 않고 기본 설정을 사용해도 되지만, 기본 설정 폴더는 설치가 끝난 후에 위치를 찾기가 쉽지 않다. 그러므로 C 드라이브에 python377 폴더를 생성한 후 내려받은 설치 프로그램을 실행하자. 처음 화면에서 [Customize installation] 항목을 선택한다.

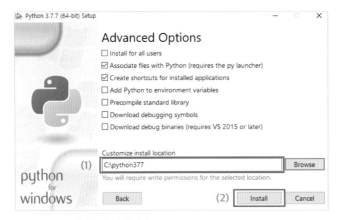

| 그림 7-4 | 설치 폴더 위치 지정

다음으로, 설치 과정에서 [Advanced Options] 항목이 나오면 아랫부분의 [Customize install location] 영역에서 <Browse> 버튼을 눌러 앞서 만든 C:₩python377 폴더를 지정한다.

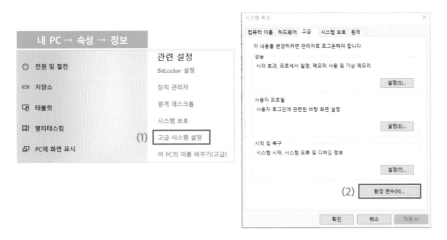

| 그림 7-5 | 환경 변수 설정

파이썬 설치가 끝났다면 마우스 오른쪽 버튼으로 [내 PC]를 클릭하고 [속성]을 선택하여 속성 창을 열고 [고급 시스템 설정]을 클릭한다. [시스템 속성] 창이 열리면 <환

경 변수> 버튼을 클릭해서 [그림 7-6]과 같이 파이썬 설치 정보를 환경 변수에 등록한다.

| 그림 7-6 | Path 환경 변수 설정

(1) 여러 환경 변수 중 Path를 (2) <편집> 버튼을 눌러 수정한다. (3) <새로 만들기> 버튼을 눌러 새로운 항목을 추가하는데, C:₩python377과 C:₩python377₩scripts 두 개 경로를 추가한다. (4) 마지막으로 <위로 이동> 버튼을 클릭해서 등록한 두 가지 항목이 맨 위로 올라오도록 조정한다. 위 두 항목이 아랫부분에 있다면 명령 프롬프트에서 python을 실행했을 때 다른 프로그램이 실행될 수도 있다.

| 그림 7-7 | 파이썬 설치 확인

프로그램 설치와 환경 변수 등록이 끝났으면 모두 정상인지 확인하는 과정이 필요하다. (1) 윈도우 화면 왼쪽 아래에 있는 돋보기 모양 검색 아이콘을 클릭하고 '명령 프롬프트'를 입력하면 (2) 윗부분에 명령 프롬프트 프로그램이 나온다. 프로그램을 클릭해서 실행해보자. (3) python 명령어를 입력했을 때 'Python 3.7.7'이 나오면 올바르게 설치된 것이다.

명령 프롬프트 프로그램에서 다음 명령어를 실행	
pip 업그레이드	pip install --upgrade pip
판다스 설치	pip install pandas
리퀘스트 설치	pip install requests
주피터 노트북 설치	pip install jupyter
데이터 분석 도구 설치	pip install ta
웹소켓 설치	pip install websocket

| 그림 7-8 | 패키지 설치

기본으로 제공하는 기능 외에 추가로 필요한 기능은 따로 설치해야 한다. 파이썬이 제공하는 pip 프로그램을 이용하면 간단한 명령어만으로 패키지를 설치할 수 있다. 가장 먼저 pip 프로그램을 업그레이드한다. 설치 파일에 포함된 버전은 오래된 버전이므로 다음 명령어로 최신 버전으로 업그레이드한다.

```
pip install  - upgrade pip
```

다음으로, 가장 많이 사용하는 데이터 분석 패키지인 판다스를 설치한다. 과거 시세 데이터를 받아서 분석하고 자신이 설계한 알고리즘이 효과가 있는지 테스트하려면 데이터를 다뤄야 하는데, 가장 적합한 도구가 판다스이다. 다음 명령어로 설치할 수 있다.

```
pip install pandas
```

리퀘스트 패키지는 인터넷에서 시세 데이터를 내려받을 때 사용한다. 이것을 웹 크롤링(web crawling)이라 하는데, 자세한 내용은 뒷부분에서 설명하도록 하겠다. 설치 명령어는 다음과 같다.

```
pip install requests
```

주피터 노트북은 파이썬 프로그램 개발할 때 사용하는 개발 도구다. 다양한 파이썬 개발 도구가 있는데, 데이터를 분석할 때는 주피터 노트북을 사용하고 애플리케이션을 개발할 때는 파이참을 많이 사용한다. 이 책에서는 데이터 분석과 애플리케이션 개발을 모두 다루기 때문에 두 가지 개발 도구 모두를 설치하겠다. 주피터 노트북은 다음 명령어로 설치할 수 있다.

```
pip install jupyter
```

기술적 분석 라이브러리(Technical Analysis Library)는 다양한 기술적 분석 지표를 쉽게 계산할 수 있는 도구를 지원한다. 파이썬으로 직접 코딩할 수도 있으나 몇몇 지표는 계산이 까다로우므로 미리 개발된 패키지를 사용하는 것이 유리하다. 설치 명령어는 다음과 같다.

```
pip install ta
```

마지막으로 설치할 웹소켓(websocket)은 인터넷 통신 방식의 한 종류로, 이 책에서 직접적으로 다루지 않지만, 앞으로 사용할 바이낸스 API 패키지에서 사용하므로 설치해야 한다. 웹소켓 패키지를 설치하지 않으면 오류가 발생한다. 다음 명령어로 설치할 수 있다.

```
pip install websocket
```

파이참 설치하고 활용하기

파이썬과 필요한 패키지를 모두 설치했으므로 또 다른 개발 도구인 파이참 (PyCharm)을 설치하고 간단한 프로그램을 코딩하면서 사용법을 알아보도록 하자.

URL https://www.jetbrains.com/ko-kr/pycharm/download/#section=windows

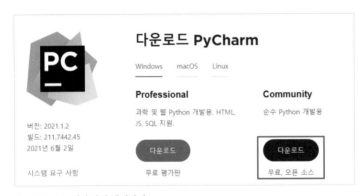

| 그림 7-9 | 설치 파일 내려받기

먼저 설치 파일을 내려받는다. 홈페이지에 들어가면 전문가용인 Professional과 무료 배포용인 Community 두 가지 버전의 설치 파일이 있다. Community 버전만으로도 일반 프로그램을 개발하는 데 큰 무리가 없으므로 이 버전을 내려받도록 한다.

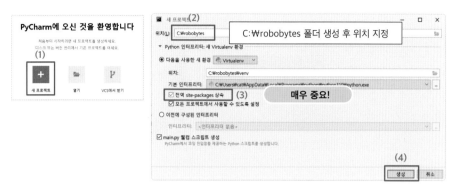

| 그림 7-10 | **프로젝트 만들기**

파이참 설치는 단순히 설치 파일을 실행하면 되므로 설명은 생략한다. 파이참 설치가 끝나면 실행하고 프로그램 개발 준비를 해야 한다. 가장 먼저 해야 하는 것은 프로젝트를 만드는 것이다. 우리가 개발해야 할 것이 알고리즘 트레이딩 프로그램이므로 이름(robobytes)을 정하고 폴더를 만든 후 그 위치에 프로젝트를 생성한다.

하나의 애플리케이션을 프로젝트라 생각하면 된다. 애플리케이션에 동작하려면 여러 개의 프로그램과 관련 데이터 파일, 환경 설정 파일이 필요한데, 이를 하나의 그룹으로 묶어 놓은 것이 프로젝트이다.

(1) 먼저 <New Project> 버튼을 클릭해서 프로젝트 생성 화면을 연다.

(2) 다음으로 프로젝트를 저장할 폴더(C:₩robobytes)를 생성해서 지정한다.

(3) 프로젝트를 생성할 때 [Inherit global site-packages] 항목에 반드시 체크한다. 이 항목은 앞서 설치한 추가 패키지를 프로젝트에서 사용할 수 있도록 한다.

(4) 모두 완료했으면 <Create> 버튼을 눌러 패키지 생성을 완료한다.

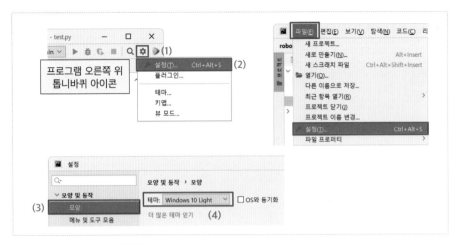

| 그림 7-11 | 프로젝트 환경 설정

프로젝트를 생성했으면 나에게 적합한 환경으로 맞춰주는 과정이 필요하다. 프로젝트에서 프로그램을 개발하다가 추가로 패키지를 설치해야 한다면 환경 설정 메뉴에서 추가할 수 있다. 또한, 개발 도구의 색깔, 폰트, 인코딩 등 자신만의 도구로 맞춤 설정할 수 있다. 여기서는 간단하게 디자인 테마를 바꾸는 방법을 알아보도록 하자.

환경 설정은 맨 위쪽 메뉴 항목에서 [파일] → [설정]을 선택해도 되고 (1) 파이참 오른쪽 위에 있는 톱니바퀴 아이콘을 클릭하고 (2) [설정] 항목을 선택해도 된다. (3) 환경 설정에 들어가서 [모양] 메뉴를 선택한 다음 (4) 테마에서 'Windows 10 Light'를 선택하면 좀 더 밝게 바꿀 수 있다.

인터넷을 검색하면 다양한 파이참 환경 설정 내용을 찾을 수 있으므로 자세한 설명은 생략한다.

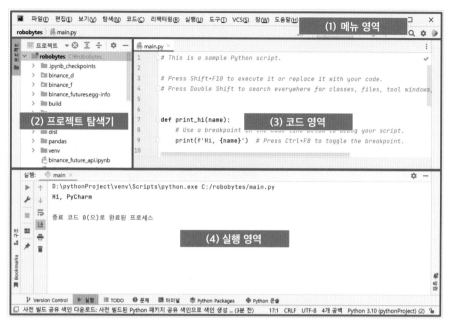

| 그림 7-12 | 파이참 화면 구성

파이참 화면은 크게 4개의 영역으로 나눌 수 있다. (1) 파이참 맨 윗부분에 있는 것이 메뉴 영역이다. 이 부분에서 파이참의 기능, 환경 설정, 정보 조회 등 모든 내용을 확인하고 사용할 수 있다. (2) 다음으로 화면 왼쪽에 프로젝트 탐색기가 나온다. 일반적으로 프로젝트에 있는 파일을 조회하고 관리하는 기능을 제공한다. (3) 화면에서 가장 큰 영역을 차지하는 것이 코드 영역이다. 코드를 직접 보며 개발할 수 있다. (4) 화면 아래는 실행 영역으로, 프로그램을 실행한 결과가 나온다.

파이참 화면은 개발자 입맛에 맞게 변경할 수 있다. 메뉴 위치를 바꿀 수 있으며 불필요한 메뉴를 없앨 수도 있으며 특정 메뉴만 크게 할 수도 있다. 프로그램을 개발하면서 나만의 화면을 구성해 보자.

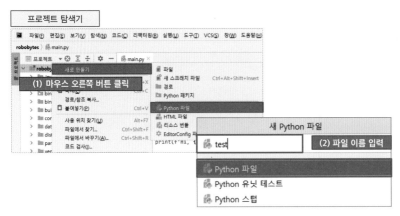

| 그림 7-13 | 테스트 파일 생성

이제 테스트 프로그램을 만들어보자. 프로그램을 만들려면 파이썬 파일을 생성해야 하는데, 프로젝트 이름을 선택하고 나서 마우스 오른쪽 버튼을 클릭해서 [새로 만들기] 메뉴를 선택하면 만들 수 있는 파일 종류가 나온다. [Python 파일]을 선택하고 'test'를 입력하여 테스트용 파일을 만들자.

| 그림 7-14 | test.py

이제 본격적으로 프로그래밍을 해보자. 이름, 나이, 직업을 출력해주는 단순한 프로그램을 만들어보자. [그림 7-14]의 예제에서는 오류가 하나 있다. 이름을 저장한 변수를 myname이라 선언해 놓고 myname2로 사용했다. 파이참에서는 오류가 발생한 부분에 빨간색 밑줄을 긋고 위쪽에 오류 개수를 표시한다. 개발자의 실수를 최소화할 수 있도록 지원하는 기능이다.

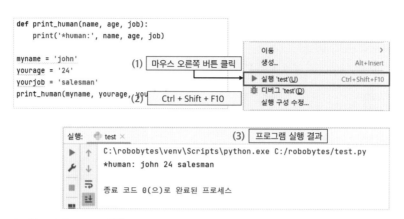

| 그림 7-15 | test.py 실행

이제 발생한 오류를 수정하고 프로그램을 실행해 보자. 두 가지 방법이 있는데 (1) 하나는 코드 화면에서 마우스 오른쪽 클릭한 다음 [실행 + '파일 이름'] 선택하는 것이고 (2) 다른 하나는 단축키 Ctrl + ⇧Shift + F10 을 누르면 된다. 프로그램 실행 결과는 아래에서 확인할 수 있다.

| 그림 7-16 | 리팩터링 기능 활용

이제 프로그래밍할 때 자주 사용하는 리팩터링 기능을 알아보자. 이 기능을 활용하면 여러 곳에서 사용 중인 변수 이름을 한 번에 바꿀 수 있다. (1) 먼저 변수를 선택한 다음 (2) 마우스 오른쪽 버튼을 클릭해서 (3) [리팩터링]를 선택하고 [이름 변경] 대화 상자에서 (5) 변경할 변수 이름을 입력하면 된다.

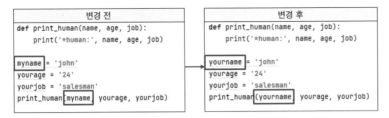

| 그림 7-17 | 리팩터링 기능 동작 확인

프로그램 코드를 살펴보면 myname 변수가 yourname으로 한꺼번에 변경된 것을 확인할 수 있다. 코드 양이 작은 프로그램에서는 별 도움이 안 될지도 모르겠지만, 코드가 길어져 변수를 여러 곳에서 사용할 때 유용한 기능이다. 변수뿐만 아니라 함수 이름도 한꺼번에 바꿀 수 있다. 공통으로 사용하는 함수는 하나의 파일에 모아 두고 여러 프로그램에서 사용하는 때가 흔하다. 리팩터링 기능을 사용해서 함수 이름을 바꾸면 다른 프로그램 안에서 함수를 호출하는 부분도 한꺼번에 변경된다.

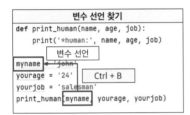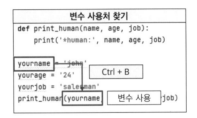

| 그림 7-18 | 파이참 변수 선언 또는 사용처 찾기

프로그램을 하다 보면 지금 사용하는 있는 변수가 어디서 어떻게 선언됐고 다른 곳에서 어떻게 사용되는지 찾아야 할 때가 흔하다. 이럴 때 파이참은 바로 가기(Go To) 기능을 지원하는데, 이 기능은 단축키 Ctrl + B 로 사용할 수 있다. 이름은 '선언 또는 사용 위치로 이동(Go To Declaration or Usages)'이다.

주피터 노트북 사용법

주피터 노트북은 앞서 살펴본 파이참과 같은 다양한 개발 지원 기능은 제공하지 않는다. 하지만, 셀이라는 개념을 사용하므로 전체 코드가 아닌 셀 단위 실행이라는 데이터 분석에 최적화된 기능을 제공한다.

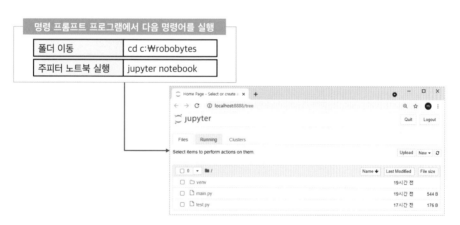

명령 프롬프트 프로그램에서 다음 명령어를 실행	
폴더 이동	cd c:₩robobytes
주피터 노트북 실행	jupyter notebook

| 그림 7-19 | 주피터 노트북 실행

앞서 설치한 주피터 노트북을 실행해 보자. 별도의 설치 과정이 필요했던 파이참과 달리 주피터 노트북은 패키지 형태로 배포하므로 pip 프로그램으로 간단하게 설치할 수 있다.

명령 프롬프트 프로그램을 실행해서 앞서 만든 패키지 폴더로 이동하고 jupyter

notebook 명령어로 주피터 노트북을 실행할 수 있다. 주피터 노트북은 별도의 UI를 제공하는 것이 아니라 에지나 크롬과 같은 기본 브라우저를 사용한다.

c:\robobytes>jupyter notebook

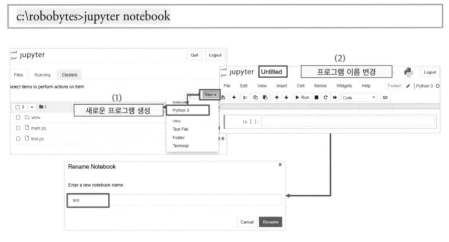

| 그림 7-20 | 주피터 노트북 프로그램 생성

먼저 새로운 프로그램을 만들어 보자. 화면 오른쪽 위에 있는 **(1)** <New> 버튼을 클릭하면 생성할 파일의 종류를 선택할 수 있는데, 'Python 3'을 선택하면 된다. 그러면 새로운 브라우저 탭이 생성되고 [그림 7-20]과 같은 화면이 나타난다. 프로그램 이름을 지정하지 않았으므로 'Untitled'라는 이름으로 생성된다. **(2)** 이름을 클릭하면 프로그램 이름을 변경할 수 있는 화면이 뜨는데, 여기에 'test'라 입력한다.

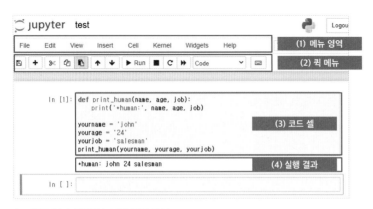

| 그림 7-21 | 주피터 노트북 화면 구성

새로 만들어진 test 파일의 화면을 살펴보자. **(1)** 가장 위에는 메뉴 영역이 있다. 주피터 노트북에서 제공하는 모든 기능을 모아 놓았다. **(2)** 다음으로 퀵 메뉴를 볼 수 있는데, 전체 메뉴 중 자주 사용하는 기능을 모은 부분이다. **(3)** 다음 영역은 코드 셀로, 하나의 코드 영역으로 구성된 파이참과는 달리 주피터 노트북은 분리된 여러 개의 셀로 이루어진다. 각 셀은 독립으로 실행할 수 있다. 데이터 분석 과정에서는 가공하는 데이터가 어떤 모습을 하고 있는지 중간에 자주 확인해야 하기 때문에 셀 단위로 분리된 주피터 노트북이 매우 편리하다. **(4)** 셀 단위로 실행하므로 셀마다 실행 결과를 바로 확인할 수 있다.

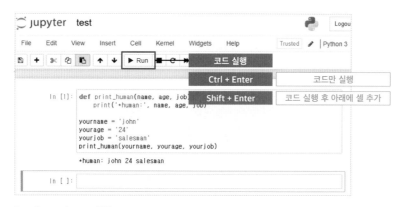

| 그림 7-22 | 코드 실행

코드 실행 방법은 3가지이다. 먼저 위에 있는 <Run> 버튼을 클릭하는 것이다. 다음은 **Ctrl** + **Enter** 키를 누르는 것인데, 이렇게 하면 선택한 셀의 코드만 실행한다. 마지막으로 **⇧Shift** + **Enter** 키를 누르면 선택한 셀의 코드를 실행하고 아래쪽에 새로운 셀을 추가한다.

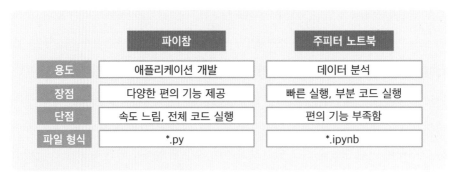

	파이참	주피터 노트북
용도	애플리케이션 개발	데이터 분석
장점	다양한 편의 기능 제공	빠른 실행, 부분 코드 실행
단점	속도 느림, 전체 코드 실행	편의 기능 부족함
파일 형식	*.py	*.ipynb

| 그림 7-23 | 파이참과 주피터 노트북 비교

데이터 분석, 통계, 인공지능 분야에서는 주피터 노트북을 많이 사용한다. 하지만, 파이썬으로 알고리즘을 구현한다든가 업무 자동화를 할 때는 파이참을 사용하는 것이 좋다.

파이참은 많은 기능을 제공하는 아주 강력한 개발 도구이지만, 강력한 만큼 실행 속도가 느리다는 단점이 있다. 또한, 결과를 확인하려면 전체 코드를 다 실행해야 한다. 파이참으로 개발한 코드는 확장자가 .py인 파일로 저장하며 일반 텍스트 편집기로 열었을 때 코드 내용을 그대로 확인할 수 있다.

주피터 노트북은 복잡한 파이썬 애플리케이션을 만들기에는 기능이 다소 부족하다. 하지만, 간단한 코딩으로 데이터를 분석하는 환경에서는 탁월한 성능을 발휘한다. 기능이 적은 만큼 실행 속도가 빠르며 셀 단위로 코드를 실행할 수 있기 때문이다. 주피터 노트북으로 개발한 코드는 .ipynb 확장자로 저장되며 일반 텍스트 편집기로는 코드 내용을 확인하기 어렵다.

지금까지 파이참과 주피터 노트북의 사용법에 대해 간단히 살펴봤다. 특히 파이참은 기능이 매우 방대해서 전체 내용을 다루는 데는 책 한 권으로도 부족하다. 하지만, 모든 도구는 용도에 맞게 사용해야 한다. 개발 도구 전체 기능을 다 이해하고 나서 트레이딩 알고리즘을 구현하려면 시작도 하기 전에 지칠 수 있기 때문이다. 이 책에서 설명한 간단한 기능만 익힌 후 프로그래밍을 시작한 다음, 더 필요한 것이 있다면 검색하여 하나씩 익히는 방법을 추천한다.

파이썬에서 데이터를 다룰 때 사용하는 가장 기초 패키지는 넘파이(numpy)이다. 같은 형식의 데이터를 저장하고 고급 연산 기능을 고속으로 지원한다. 판다스(Pandas)는 넘파이를 활용하면서 데이터 분석용 고급 기능을 추가로 지원하는 데이터 분석 전문 패키지이다.

판다스에는 다음과 같은 특징이 있다.

◆ 다양한 형식의 데이터를 테이블 형태로 관리한다.

◆ 1차원 데이터는 시리즈(Series) 객체로 관리하고 2차원 데이터는 데이터 프레임(DataFrame) 객체로 관리한다.

특히 데이터 프레임 객체는 대표적인 통계분석 도구인 R이 지원하는 대부분의 기능 지원한다.

판다스는 데이터 분석 분야에서 필수 도구이다. 데이터에 대한 기본적인 구조를 확인할 수 있고, 통계 정보를 확인할 수 있는 기능을 제공한다. 간단한 함수 호출로 데이터를 시각화할 수 있다.

판다스에 대한 모든 기능을 설명하려면 따로 책 한 권이 있어야 할 정도로 그 기능이 방대하다. 이 책에서는 판단스의 기본 기능과 연산, 데이터 프레임 다루기와 함께 데이터 선택을 위한 인덱싱 기능을 알아보도록 하겠다.

## 8 장

판다스
기본 기능

데이터 프레임 살표보기

📋 이 절에서 살펴볼 예제

./pandas/1. 데이터 프레임 살펴보기.ipynb 🔄 Jupyter

판다스의 기본 기능은 데이터를 다루는 것이다. 컴퓨터를 활용해서 데이터를 다룰 때 가장 많이 사용하는 것이 엑셀(Excel) 프로그램이다. 판다스에서도 엑셀과 같이 격자 형식으로 데이터를 저장하고 쉽게 접근할 수 있는 기능을 제공하는데, 이것이 바로 데이터 프레임이다. 데이터 프레임 또한 하나의 클래스이므로 다양한 속성과 함수를 지원한다. 데이터 프레임의 핵심 속성과 함수를 알아보면서 판다스의 핵심 클래스인 데이터 프레임에 조금씩 익숙해지도록 하겠다.

데이터를 다루고자 판다스는 크게 두 가지 객체를 지원한다. 첫째는 1차원 데이터를 다루는 **시리즈**(Series)이고 둘째는 다차원 데이터를 다루는 **데이터 프레임**(DataFrame)이다. 단순한 구조의 1차원 데이터를 쉽게 다룰 수 있는 시리즈는 다양한 유형의 데이터를 하나의 객체에 저장하고 접근할 수 있는 기능을 제공한다.

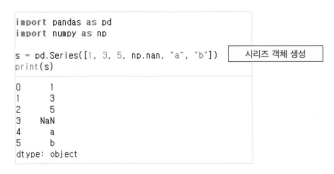

```
import pandas as pd
import numpy as np

s = pd.Series([1, 3, 5, np.nan, "a", "b"])        시리즈 객체 생성
print(s)

0      1
1      3
2      5
3    NaN
4      a
5      b
dtype: object
```

| 그림 8-1 | 시리즈 객체 생성

객체 내부에 저장된 데이터는 쉽게 접근할 수 있도록 인덱스를 지정할 수 있다.

```
s = pd.Series([1, 3, 5, np.nan, "a", "b"], index=["idx1", "idx2", "idx3", "idx4", "idx5", "idx6"])
print(s)
                             인덱스 지정
idx1      1
idx2      3
idx3      5
idx4    NaN
idx5      a
idx6      b
dtype: object
```

| 그림 8-2 | 인덱스 생성

인덱스는 다양한 방식으로 생성할 수 있지만, 가장 많이 사용하는 방법은 시리즈 객체를 생성할 때 index 인자에 인덱스 이름을 배열 형식으로 지정하는 것이다.

시리즈 객체는 위에서 언급한 것 외에 다양한 기능을 지원하지만, 더 자주 사용하는 데이터 프레임 설명에 집중하고자 간단히 소개만 하겠다. 데이터 분석에서 시리즈 객체를 직접적으로 사용하는 경우는 많이 없다. 하지만, 데이터를 가공하는 과정에서 데이터 프레임 일부를 잘랐을 때 자동으로 시리즈 객체로 변환될 때가 있다. 이럴 때 당황하지 않도록 시리즈 객체에 대해 잠시 언급했다.

데이터 프레임은 다차원 데이터를 저장하는 객체다. 시리즈와 동일하게 데이터 프레임에는 다양한 유형의 데이터를 저장할 수 있으며 인덱스를 지원한다. 데이터를 더 효율적으로 활용하고자 데이터 프레임에 칼럼 이름을 지정할 수도 있다.

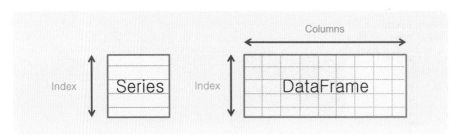

| 그림 8-3 | 인덱스와 칼럼

시리즈 객체에 저장된 데이터는 1차원 데이터이므로 [그림 8-3]에서 보는 것처럼 열 (row)로만 구성된다. 각 열에 있는 데이터를 이름으로 구분하는 것이 인덱스이다. 데 이터 프레임 객체에 저장된 데이터는 다차원 데이터이므로 행(column)과 열(row)로 구성된다. 행 데이터를 이름으로 구별하는 것이 칼럼 이름이고 열 데이터를 이름으 로 구별하는 것이 인덱스 이름이다. 일반적으로 데이터 프레임에서는 인덱스 이름보 다는 인덱스 번호(순서가 있는 숫자)를 사용한다.

```
data = [[1, 3, 5, np.nan, "a", "b"],
        [2, 6, 10, np.nan, "c", "d"]
       ]
s = pd.DataFrame(data, index=["idx1", "idx2"],      데이터 프레임 객체 생성
              columns=["col1","col2","col3","col4","col5","col6"])
print(s)

      col1  col2  col3  col4 col5 col6
idx1    1     3     5   NaN    a    b
idx2    2     6    10   NaN    c    d
```

| 그림 8-4 | 데이터 프레임 객체 생성

데이터 프레임을 생성할 때 인덱스 이름과 칼럼 이름을 동시에 지정할 수 있다. [그 림 8-4]의 예제에서는 2개 행과 6개의 열로 이루어진 데이터(2x6 행렬)를 생성한다. 따라서 행 데이터를 지정하는 인덱스 이름은 2개, 열 데이터를 지정하는 칼럼 이름 은 6개를 지정한다.

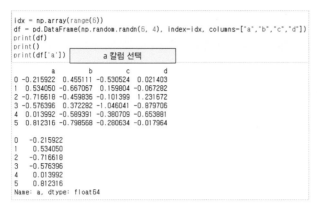

```
idx = np.array(range(6))
df = pd.DataFrame(np.random.randn(6, 4), index=idx, columns=["a","b","c","d"])
print(df)
print()
print(df['a'])        a 칼럼 선택

          a         b         c         d
0 -0.215922  0.455111 -0.530524  0.021403
1  0.534050 -0.667067  0.159804 -0.067282
2 -0.716618 -0.459836 -0.101399  1.231672
3 -0.576396  0.372282 -1.046041 -0.879706
4  0.013992 -0.589391 -0.380709 -0.653881
5  0.812316 -0.798568 -0.280634 -0.017964

0   -0.215922
1    0.534050
2   -0.716618
3   -0.576396
4    0.013992
5    0.812316
Name: a, dtype: float64
```

| 그림 8-5 | 데이터 프레임 칼럼 선택

이제 설정한 칼럼 이름으로 데이터를 선택해 보자. 데이터 프레임을 사용할 때 행을
선택할 때는 인덱스 이름을 사용하지 않고 내부적으로 숫자로 지정된 인덱스를 사
용한다. 이에 대한 구체적인 내용은 뒷부분에서 알아보도록 하겠다.

위 예제와 같이 칼럼 이름으로 데이터를 선택하면 해당 이름으로 지정한 열의 모든
데이터가 선택된다. 데이터를 분석할 때 전체 데이터 중 필요한 변수만 선택할 때 자
주 사용하는 방법이다.

이제 데이터 프레임 기본 정보 중에 가장 중요한 저장된 데이터의 모양을 살펴볼
shape( ) 함수를 알아보도록 하겠다. 데이터 분석 과정에서 데이터 프레임에 저장
한 데이터에 대한 연산을 많이 하게 된다. 이때 저장한 데이터의 모양이 맞지 않는
경우 오류가 발생하거나 의도치 않은 결과를 얻을 수도 있다.

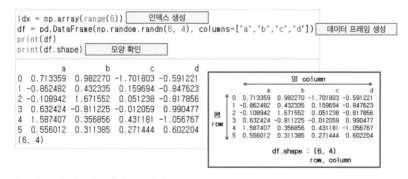

| 그림 8-6 | 데이터 프레임 모양 확인

데이터 프레임의 모양은 shape( ) 함수로 확인한다. 앞에 나오는 숫자가 행(row)의 개수이며 뒤에 나오는 숫자가 열(column)의 개수이다.

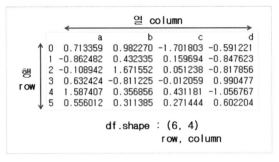

| 그림 8-7 | shape() 함수의 기본 개념

[그림 8-7]과 같이 shape( ) 함수로 확인한 데이터 모양은 6x4 행렬이다. shape( ) 함수의 결과는 데이터 모양 확인뿐만 아니라 몇 건의 데이터가 저장되었는지 확인하고 그 데이터를 프로그램에서 사용할 때도 많이 사용한다. shape( ) 함수의 결과가 배열로 나오기 때문에 shape[0]과 같이 사용하면 저장된 데이터 건수(행의 개수)를 얻을 수 있다.

이제 데이터 프레임에 저장된 데이터의 통계 정보를 살펴보겠다. 데이터를 분석할 때 어떤 종류의 데이터인지를 알아보는 것은 매우 중요한 일이다. 데이터 프레임에서는 describe( )라는 간단한 함수로 기본 통계 데이터를 확인할 수 있다.

```
idx = np.array(range(6))
df = pd.DataFrame(np.random.randn(6, 4), index=idx, columns=["a","b","c","d"])
df.describe()
```

	a	b	c	d	
count	6.000000	6.000000	6.000000	6.000000	건수
mean	0.109418	-0.001519	-0.105304	-0.742033	평균
std	0.715431	0.745361	0.948996	0.706721	표준편차
min	-0.858905	-0.691998	-1.142988	-1.720904	최솟값
25%	-0.317305	-0.637599	-0.545678	-1.187561	하위 25%
50%	0.156358	-0.102602	-0.255039	-0.758813	하위 50%
75%	0.402199	0.397842	-0.052464	-0.140711	하위 75%
max	1.193743	1.139364	1.648741	0.051489	최댓값

| 그림 8-8 | 데이터 프레임 통계 정보

데이터 프레임 객체가 제공하는 describe( ) 함수는 건수, 평균, 표준편차, 최솟값, 25%값, 50%값, 75%값, 그리고 최댓값 정보를 한눈에 확인할 수 있다. 간단한 정보이지만 데이터 분석의 첫 단계에서 반드시 확인해야 하는 자료다.

데이터 프레임에 저장된 데이터의 유형과 널(Null) 데이터가 있는지 확인하는 것은 데이터 분석에서 아주 중요한 일이다. 널 데이터가 있을 때 이를 어떻게 처리(대체, 삭제, 생성 등)할지 결정해야 하고, 데이터 유형 중에 숫자(Numerical)형 데이터와 범주(Categorical)형 데이터가 섞였을 때 통계 함수를 어떻게 적용해야 할지 결정해야 한다.

```
df = pd.DataFrame(np.random.randn(6, 4), columns=["a","b","c","d"])
df.info()

<class 'pandas.core.frame.DataFrame'>
RangeIndex: 6 entries, 0 to 5
Data columns (total 4 columns):
 #   Column  Non-Null Count  Dtype
---  ------  --------------  -----
 0   a       6 non-null      float64
 1   b       6 non-null      float64
 2   c       6 non-null      float64
 3   d       6 non-null      float64
dtypes: float64(4)
memory usage: 320.0 bytes
```

- Column : 칼럼 이름
- Non-Null Count : 정상 데이터 건수
- Dtype : 데이터 타입

| 그림 8-9 | 데이터 프레임 일반 정보

데이터 프레임 객체에서는 info( ) 함수를 제공해서 데이터 유형과 널(null) 데이터를 확인할 수 있도록 지원한다. 아주 간단한 함수 호출을 통해 분석해야 할 데이터의 실체에 좀 더 가깝게 다가갈 수 있다.

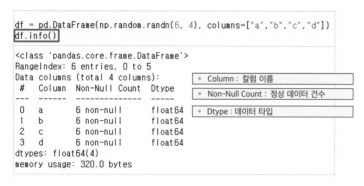

```
df = pd.DataFrame(np.random.randn(200, 4), columns=["a","b","c","d"])
print(df)

            a         b         c         d
0   -0.709418  0.397119 -0.383441 -1.622081
1   -0.564629 -1.211506 -1.175069  0.716943
2   -2.055401  1.124819 -1.856731  1.696683
3   -0.994346 -0.488968 -0.142444 -0.130560
4    0.242298  0.720844 -2.672846 -1.509635
..        ...       ...       ...       ...
195  0.463346  0.912403 -0.793765 -0.579772
196 -0.640912  0.524687  0.757707 -1.576958
197  0.317320  2.243333  1.146976  0.503231
198  0.443343  0.562928  0.630852 -1.097604
199 -1.290146 -0.959566  0.405607 -2.220004
```

맨 앞 5개

맨 뒤 5개

| 그림 8-10 | 데이터 프레임 전체 데이터

데이터 프레임 객체를 저장한 변수를 print( ) 함수로 출력하면 데이터가 많을 때 상위 5개 데이터와 하위 5개 데이터를 출력한다. 데이터 변화를 확인하려면 처음 데이터와 마지막 데이터를 봐야 하므로 판다스의 기본 설정은 이와 같다.

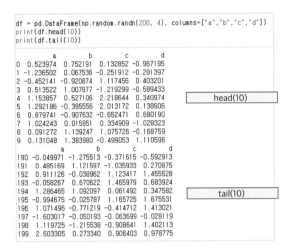

| 그림 8-11 | 데이터 프레임 head() 함수와 tail() 함수

전체 데이터를 확인했다면 이제 부분적으로 좀 더 자세하게 데이터를 확인해야 한다. 앞부분 데이터를 더 확인할 수 있는 기능이 head( ) 함수이고 뒷부분 데이터를 더 확인할 수 있는 기능이 tail( ) 함수이다. 출력을 원하는 만큼의 숫자를 인수로 입력하면 데이터를 확인할 수 있다.

02

데이터 프레임 다루기

 이 절에서 살펴볼 예제

./pandas/2. 데이터 프레임 다루기.ipynb jupyter

지금까지 데이터 프레임 저장 방식 등 기본 정보를 알아보았다. 지금부터는 데이터 프레임을 연결(Concatenate)하고 병합(Merge)하는 기능을 살펴보도록 하겠다.

판다스로 데이터를 다루려면 두 가지 기본 기술이 필요하다. 하나는 데이터 프레임에 저장된 데이터 하나하나를 선택하고 가공하는 기술이고, 또 하나는 데이터 프레임 자체를 가공하는 기술이다. 이번에 배울 것은 데이터 프레임 자체 가공 기술이다.

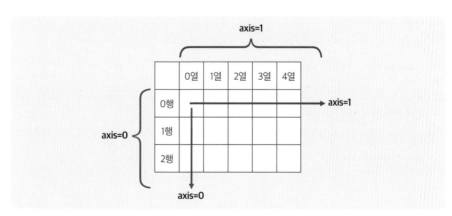

| 그림 8-12 | 축(axis) 개념

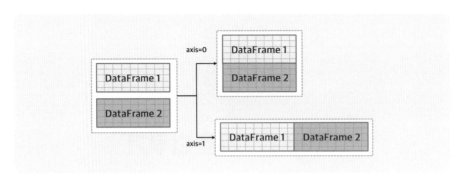

| 그림 8-13 | axis와 concatenate

데이터 프레임을 본격적으로 다루기 전에 축(axis) 개념에 대해 한 번 더 살펴보고 넘어가겠다. axis가 0이라는 것은 수직 방향으로 진행한다는 의미다. 즉, 데이터를 행 방향으로 처리하는 것이다. axis가 1이라는 것은 수평 방향으로 진행한다는 뜻이다. 이때는 데이터를 열 방향으로 처리한다.

데이터 프레임 연결은 축(axis)을 따라 데이터 프레임을 결합하는 기능이다. 데이터 프레임을 다룰 때 가장 자주 사용하는 기능의 하나로, axis의 개념만 정확하게 안다면 사용법은 무척 직관적이다.

[그림 8-13]을 머릿속에 넣고 코드를 이용하여 데이터 프레임 연결 기능을 좀 더 자세히 알아보자.

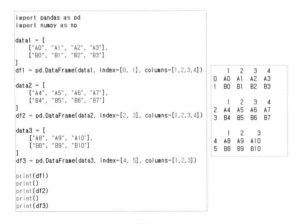

| 그림 8-14 | 데이터 프레임 생성

예제에서는 모두 3개의 데이터 프레임을 만들었는데, 처음 2개의 데이터 프레임은 2x4 행렬이며 마지막 1개의 데이터 프레임은 2x3 행렬이다.

```
#세로 축으로 결합 (1)                  세로축 결합-1
df4 = pd.concat([df1,df2 ] axis=0)
print(df4)

    1   2   3   4
0  A0  A1  A2  A3
1  B0  B1  B2  B3
2  A4  A5  A6  A7
3  B4  B5  B6  B7
```

| 그림 8-15 | 세로축으로 결합-1

먼저 데이터를 세로축으로 결합해 보겠다. 첫 번째 데이터 프레임과 두 번째 데이터 프레임은 2x4 행렬로 서로 모양(shape)이 같으므로 자연스럽게 결합하는 것을 확인할 수 있다.

```
#세로 축으로 결합 (2)                  세로축 결합-2
df5 = pd.concat([df1,df3 ] axis=0)
print(df5)

    1   2    3    4
0  A0  A1   A2   A3
1  B0  B1   B2   B3
4  A8  A9  A10  NaN
5  B8  B9  B10  NaN
```

| 그림 8-16 | 세로축으로 결합-2

이제 모양이 다른 데이터 프레임을 세로축으로 결합해 보겠다. 첫 번째 데이터 프레임은 2x4 행렬이고 세 번째 데이터 프레임은 2x3 행렬이다. 세 번째 데이터 프레임이 칼럼 하나가 부족하다. 이때 데이터 프레임을 세로축으로 결합한다면 부족한 부분은 널(NaN)로 채워진다.

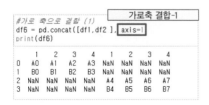

```
#가로 축으로 결합 (1)                    가로축 결합-1
df6 = pd.concat([df1,df2 ] axis=1)
print(df6)

     1    2    3    4    1    2    3    4
0   A0   A1   A2   A3  NaN  NaN  NaN  NaN
1   B0   B1   B2   B3  NaN  NaN  NaN  NaN
2  NaN  NaN  NaN  NaN   A4   A5   A6   A7
3  NaN  NaN  NaN  NaN   B4   B5   B6   B7
```

| 그림 8-17 | 가로축으로 결합-1

다음으로, 두 데이터 프레임을 가로축(axis=1)으로 결합해 보겠다. 2x4 행렬이 생성될 것으로 생각했지만, 예상과 다르게 4x4 행렬이 생성되고 빈 자리는 널(NaN) 데이터로 채워진다. 이것은 행렬을 결합하는 과정에서 데이터 프레임의 인덱스(index)를 사용하기 때문이다.

원하는 결과를 얻으려면 먼저 두 데이터 프레임에서 사용하는 인덱스를 맞춰야 한다.

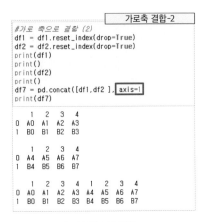

| 그림 8-18 | 가로축으로 결합-2

데이터 프레임을 가로축으로 결합할 때 원하는 형태의 데이터 프레임이 생성되지 않는 경우 대부분 인덱스가 서로 다른 문제 때문에 발생한다. reset_index( ) 함수로 두 데이터 프레임의 인덱스를 맞추는 작업을 먼저 해야 한다.

데이터 프레임 결합 기능이 여러 개의 데이터 프레임을 합치는 기능을 지원했다면, 데이터 프레임 병합 기능은 키를 중심으로 데이터 프레임을 결합하는 기능을 제공한다. 이것은 데이터베이스 SQL(Structured Query Language)의 조인(join) 기능과 비슷하다. 두 데이터 집합을 결합할 때 키를 중심으로 데이터가 합쳐지도록 하는 것이다. SQL에 익숙하지 않은 독자라면 키를 중심으로 결합한다는 개념을 아직은 이해할 수 없을 것이다. 이제부터 병합 기능이 무엇인지 차근차근 알아보자.

```
#병합 테스트 데이터 생성
data1 = [
  ["K0", "A0", "B0"],
  ["K1", "A1", "B1"],
  ["K2", "A2", "B2"],
  ["K3", "A3", "B3"],
  ["K4", "A4", "B4"] #<<<< K4: data1에만 존재하는 키
]

df1 = pd.DataFrame(data1, columns=["key", "a", "b"])

data2 = [
  ["K0", "C0", "D0"],
  ["K1", "C1", "D1"],
  ["K2", "C2", "D2"],
  ["K3", "C3", "D3"]
]
df2 = pd.DataFrame(data2, columns=["key", "c", "d"])
print(df1)
print()
print(df2)
```

```
   key   a   b
0  K0  A0  B0
1  K1  A1  B1
2  K2  A2  B2
3  K3  A3  B3
4  K4  A4  B4

   key   c   d
0  K0  C0  D0
1  K1  C1  D1
2  K2  C2  D2
3  K3  C3  D3
```

| 그림 8-19 | 병합 테스트 데이터 생성

병합 개념을 이해하고자 먼저 테스트 데이터를 생성하겠다. df1과 df2 데이터 프레임을 두 개 생성하는데, 특이한 것은 df1에 데이터가 하나 더 많다는 것이다. key 칼럼을 살펴보면 df1 데이터 프레임에 K4가 하나 더 있는 것을 확인할 수 있다.

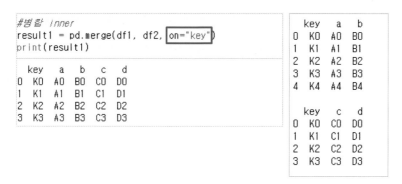

```
#병합 inner
result1 = pd.merge(df1, df2, on="key")
print(result1)

   key   a   b   c   d
0  K0  A0  B0  C0  D0
1  K1  A1  B1  C1  D1
2  K2  A2  B2  C2  D2
3  K3  A3  B3  C3  D3
```

```
   key   a   b
0  K0  A0  B0
1  K1  A1  B1
2  K2  A2  B2
3  K3  A3  B3
4  K4  A4  B4

   key   c   d
0  K0  C0  D0
1  K1  C1  D1
2  K2  C2  D2
3  K3  C3  D3
```

| 그림 8-20 | 병합 inner

데이터 프레임 병합 문법은 간단하다. 판다스가 제공하는 merge( ) 함수를 호출하고 인수에 병합할 데이터 프레임을 차례로 입력한다. 다음으로, 병합 기준이 될 칼럼을 인수 on에 지정한다. 예제에서는 key 칼럼을 사용했다. 인수 how를 사용해서 병합 방법을 지정할 수도 있다. 별도로 지정하지 않으면 inner 방식을 기본으로 사용

한다. inner는 두 데이터 프레임에 모두 있는 기준 칼럼 데이터로 병합한다. 교집합과 같다.

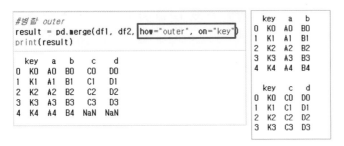

| 그림 8-21 | 병합 outer

이제 outer 방식의 병합을 알아보자. outer 방식은 합집합 개념과 같다. 기준 칼럼을 중심으로 두 데이터 프레임에 있는 모든 데이터를 병합한다. inner 방식과 다르게 outer 방식에서는 df2 데이터 프레임에 없는 K4 칼럼 데이터를 가져왔다. df1 데이터 프레임에만 값이 있고 df2 데이터 프레임에는 값이 없으므로 칼럼 c와 d 자리는 널(NaN)로 채워진다

03

윈도 함수

📋 이 절에서 살펴볼 예제

./pandas/3. 윈도 함수.ipynb 🔵 jupyter

판다스 윈도 함수는 움직이는 부분 데이터에 대한 집계 연산을 수행하는 기능을 제공한다. 윈도 함수에 대한 개념이 쉽게 이해가 안 간다면 주식에서 사용하는 이동평균을 생각하면 쉽다. 예를 들어 7일 이동평균 데이터를 구한다면 날마다 이전 7일 데이터의 평균을 구해서 누적해야 한다. 데이터 분석 과정에서는 빈번하게 발생하는 일이다.

판다스에서는 움직이는 부분 데이터에 대한 평균, 최댓값, 최솟값, 합계 등을 함수 호출로 쉽게 계산할 수 있도록 지원한다. 이를 통칭해서 윈도 함수라 부른다.

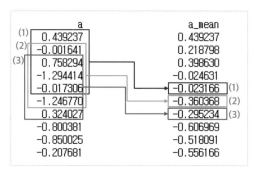

| 그림 8-22 | 롤링 윈도

지속적으로 윈도가 움직이면서 계산하고자 데이터 프레임 객체에서 롤링(rolling) 함수를 지원한다. 사용할 윈도의 크기만을 지정하면 자동으로 이동(롤링)하면서 계산한다. [그림 8-22]에서 사용한 윈도 크기는 5이며 이동하면서 평균을 계산한다. 이것을 이동평균이라 한다. 분석할 데이터가 일자별 주가라면 5일 이동평균 데이터를 계산한다.

```
          a         b         c
0  0.439237  0.764586  1.229370
1 -0.001641 -1.551224 -0.178748
2  0.758294 -0.859012 -2.208460
3 -1.294414 -0.798342 -0.245509
4 -0.017306 -1.281449  0.506959
5 -1.246770 -0.284094 -1.523160
6  0.324027  0.954783 -1.121027
7 -0.800381 -1.186677  0.435496
8 -0.850025 -1.302271  0.172551
9 -0.207681  0.283106  0.725189

#윈도우 함수
df = pd.DataFrame(np.random.randn(10, 3), columns=["a","b","c"])
print(df)
print()
df["a_sum"]  = df["a"].rolling(window=5).sum()               #합계
df["a_mean"] = df["a"].rolling(window=5, min_periods=1).mean() #평균
df["a_max"]  = df["a"].rolling(window=5, min_periods=1).max()  #최대값
df["a_min"]  = df["a"].rolling(window=5, min_periods=1).min()  #최소값
print(df)
```

```
          a         b         c     a_sum    a_mean     a_max     a_min
0  0.439237  0.764586  1.229370       NaN  0.439237  0.439237  0.439237
1 -0.001641 -1.551224 -0.178748       NaN  0.218798  0.439237 -0.001641
2  0.758294 -0.859012 -2.208460       NaN  0.398630  0.758294 -0.001641
3 -1.294414 -0.798342 -0.245509       NaN -0.024631  0.758294 -1.294414
4 -0.017306 -1.281449  0.506959 -0.115831 -0.023166  0.758294 -1.294414
5 -1.246770 -0.284094 -1.523160 -1.801838 -0.360368  0.758294 -1.294414
6  0.324027  0.954783 -1.121027 -1.476170 -0.295234  0.758294 -1.294414
7 -0.800381 -1.186677  0.435496 -3.034844 -0.606969  0.324027 -1.294414
8 -0.850025 -1.302271  0.172551 -2.590454 -0.518091  0.324027 -1.246770
9 -0.207681  0.283106  0.725189 -2.780830 -0.556166  0.324027 -1.246770
```

| 그림 8-23 | 윈도 함수

예제를 통해 윈도 함수를 자세히 살펴보도록 하겠다. 먼저 합계(sum) 함수를 알아보자. 윈도 크기는 window 인수로 지정한다. 예제에서는 5를 지정했다. 롤링(rolling) 함수 다음에 적용할 함수(sum)를 지정하면 이동합계를 쉽게 구할 수 있다.

이동합계를 구할 때 하나 특이한 점이 하나 있다. 바로 지정한 윈도 크기 이하로 데이터를 선택하면 이동 합계 결과가 널(NaN)로 나오므로 데이터를 분석할 때 널이 포함되면 삭제 또는 대체하여 널 데이터를 없애야 한다. 윈도 함수에서는 자체적으로 널을 처리할 수 있는 옵션을 제공한다. 바로 min_periods 옵션을 통해 윈도에서 처리할 수 있는 최소 데이터를 지정할 수 있다. min_periods를 1로 지정하면 하나의 데이터만 있으면 지정된 함수를 계산한다. 데이터가 하나라면 하나의 평균을 구하고 데이터가 두 개라면 두 데이터의 평균을 구한다. 그러므로 별도로 처리해야 할 널 데이터가 없다.

04

데이터 인덱싱

📋 이 절에서 살펴볼 예제

./pandas/4. 데이터 인덱싱.ipynb 🔄 Jupyter

판다스에서는 데이터 프레임에 든 데이터를 자르고 선택하는 다양한 방법을 제공한다. 대표적으로 레이블(Label) 인덱싱과 위치(Position) 인덱싱 기능이 있다. 레이블 인덱싱은 loc( ) 함수로 구현할 수 있다. 이름과 같이 칼럼 이름이나 데이터 값을 사용해서 데이터 프레임에서 값을 선택할 수 있다. 위치 인덱싱은 iloc( ) 함수를 이용해서 구현하는데, 데이터가 저장된 순서를 이용해서 데이터 프레임에서 값을 선택할 수 있다.

데이터 분석 과정에서는 훈련 데이터와 검증 데이터를 분리하는 일이 흔하다. 훈련 데이터는 모델을 완성하는 데 사용하는 데이터이고, 검증 데이터는 모델 훈련이 잘 됐는지 확인하는 데이터이다. 따라서 이 두 데이터는 서로 겹치는 부분이 없어야 한다. 이럴 때는 데이터 인덱싱으로 훈련 데이터와 검증 데이터를 분리한다.

데이터 프레임에는 두 개의 이름을 지정할 수 있다. 하나는 인덱스이고 다른 하나는 칼럼이다. 인덱스와 칼럼을 합쳐서 **레이블**이라고 한다. 데이터 프레임은 인덱스와 칼럼 두 가지 레이블을 이용해서 데이터를 지정하고 선택할 수 있다.

| 그림 8-24 | 레이블 인덱싱 방법

인덱싱을 할 때 인덱스만을 사용할 수도 있고 인덱스와 칼럼을 모두 사용할 수도 있다. 인덱스와 칼럼은 쉼표(,)로 분리하며 인덱스가 쉼표 앞부분에 오고 칼럼이 쉼표 뒷부분에 위치한다. 시작과 종료 인덱스는 콜론(:)으로 분리되며 앞부분이 시작 인덱스이고 뒷부분이 종료 인덱스다.

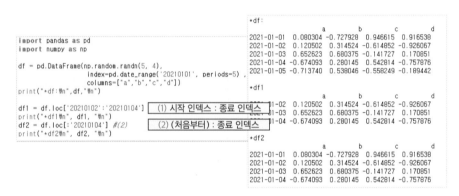

| 그림 8-25 | 레이블 인덱싱: 인덱스 사용

테스트 데이터로는 5x4 행렬의 난수를 생성한다. 알파벳으로 각 칼럼의 이름을 지정하고 인덱스는 날짜를 생성해서 사용한다. 여기에서 **data_range( )** 함수를 사용했는데, 이 함수는 시작 날짜와 몇 개의 데이터를 생성할지를 지정하면 자동으로 날짜를 만든다. 주식과 같은 시계열 데이터와 같은 형식으로 테스트 데이터를 만들고자 일부러 날짜 데이터를 인덱스로 사용했다.

(1) 가장 먼저 인덱스를 사용해서 데이터를 선택한다. 데이터 프레임 객체에서 제공하는 **loc( )** 함수를 사용해서 레이블 인덱싱 기능을 구현하며 앞부분에 시작 인

덱스를 뒷부분에 종료 인덱스를 지정한다.

(2) 다음으로, 레이블 인덱싱 기능을 좀 더 확장해 본다. 앞부분의 시작 레이블을 생략하고 공백으로 넣어 본다. 이렇게 공백으로 지정하면 처음부터 데이터를 선택한다는 의미다. 이것은 뒷부분 종료 인덱스를 지정할 때도 동일하게 적용할 수 있다.

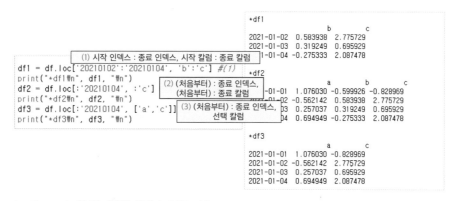

| 그림 8-26 | 레이블 인덱싱: 칼럼과 인덱스 사용

이제 인덱스와 칼럼을 모두 사용해서 레이블 인덱싱을 구현해 보겠다.

(1) 쉼표(,) 앞부분에 시작 인덱스와 종료 인덱스를 지정하고 쉼표 뒷부분에 시작 칼럼과 종료 칼럼을 지정한다.

(2) 두 번째로 시작 인덱스와 시작 칼럼을 생략하면 첫 번째 인덱스와 첫 번째 칼럼부터 데이터를 선택하게 된다.

(3) 범위가 아닌 특정 칼럼만 선택하는 방법이다. 칼럼 선택 부분에 콜론(:)을 없애고 선택할 칼럼을 배열 형식으로 지정한다. 이것은 인덱스를 선택할 때도 마찬가지이다.

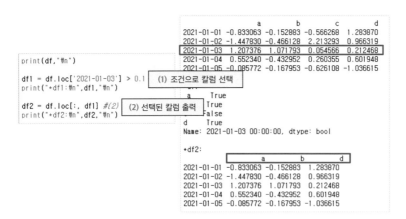

| 그림 8-27 | 레이블 인덱싱: 조건문 사용

조건문을 사용해서도 레이블 인덱싱을 구현할 수 있다.

(1) 인덱스를 사용해서 데이터를 선택한 다음 뒷부분에 원하는 조건을 붙여 넣다. 예제에서는 '0.1보다 크다.'라는 조건을 입력했다. 출력하면 인덱스 2021-01-03 에 있는 칼럼에 조건을 적용해서 조건을 만족하면 True, 조건을 만족하지 못하면 False를 출력한다.

(2) 이제 조건문을 레이블 인덱싱에 적용해 보겠다. 앞서 선택한 조건을 데이터 프레임으로 만들고 이것을 레이블 인덱싱 구문의 칼럼 항목에 넣는다. 그러면 해당 조건에 맞는 칼럼만 선택한다.

레이블 인덱싱에서는 이름을 사용했지만, 위치 인덱싱에서는 데이터가 저장된 순서, 즉 위치를 사용한다. 인덱싱을 사용하는 문법은 레이블 인덱싱과 같다.

| 그림 8-28 | 위치 인덱싱 방법

레이블 인덱싱과 마찬가지로 인덱스, 칼럼 그리고 조건문을 모두 사용할 수 있다. 사용법은 레이블 인덱싱과 같으므로 대표적인 예제 하나만 살펴보도록 하겠다.

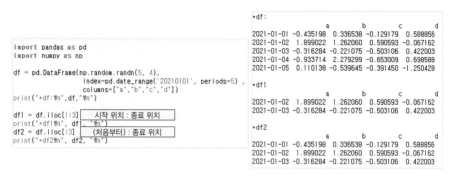

| 그림 8-29 | 위치 인덱싱: 인덱스 사용

인덱스와 칼럼 자리에 데이터가 든 순서를 지정한다는 것이 차이점이다. 이뿐만 아니라 레이블 인덱싱은 loc( ) 함수를 사용하지만, 위치 인덱싱에서는 iloc( ) 함수를 사용한다는 것 역시 차이점이다.

지금까지 판다스의 여러 가지 기능을 알아봤다. 판다스는 앞서 설명한 기능 외에도 람다 함수, 시계열 데이터 처리 기능, 그룹화 기능, 피벗 등 데이터를 가공하는 다양한 기능을 제공한다.

이 책에서 만들 알고리즘 트레이딩에서는 앞서 살펴본 기능 모두를 사용하지는 않지만, 기본기를 익혀 스스로 자신만의 알고리즘을 개발하고자 한다면 더 많은 판다스 기능을 사용해야 한다. 머신러닝, 딥러닝 등 인공지능 분야에서 판다스는 데이터 전처리를 위한 아주 강력한 기능을 제공한다. 자세한 기능은 판다스 홈페이지의 설명서를 참고하기 바란다.

판다스 설명서
- - - - - - - - - - - - -
URL https://pandas.pydata.org/docs/user_guide/index.html

ALGORITHM
TRADING

알고리즘 트레이딩 프로그램 개발의 기초는 데이터이다. 프로그램은 데이터를 분석해서 매매 타이밍을 결정하기 때문에 과거의 거래 데이터를 내려받아 알고리즘을 개발해야 한다.

브라우저로 볼 수 있는 데이터 대부분은 직접 만든 프로그램으로 쉽게 수집할 수 있다. 이번 장에서는 지난 120일 동안 거래된 XRPUSDT 코인의 1분 데이터를 수집하는 프로그램을 만들어 보겠다.

## 9장

데이터 수집
프로그램
개발하기

01

주소 찾기

이 책에서는 1분 데이터를 기준으로 프로그램을 개발한다. 따라서 1분 데이터를 제공하는 인터넷 주소를 먼저 찾아내야 한다. 주소를 찾는 방법은 다양하지만, 가장 쉬운 방법은 크롬 개발자 도구를 사용하는 것이다.

| 그림 9-1 | 코인 선택

먼저 트레이딩할 코인을 선택해야 하는데, 리플(XRP)을 기준으로 프로그램을 개발

해 보자. 무기한 선물 트레이딩 화면을 처음 열면 기본 설정은 BTCUSDT 코인이다.

(1) 이름을 클릭하면 코인을 검색할 수 있는 화면이 나온다.

(2) 검색 항목에 'xrp'를 입력하면

(3) 화면 하단에 'XRPUSDT 무기한'을 확인할 수 있다. 해당 상품을 클릭하면 트레
이딩 화면은 'XRPUSDT 무기한' 중심으로 변경된다.

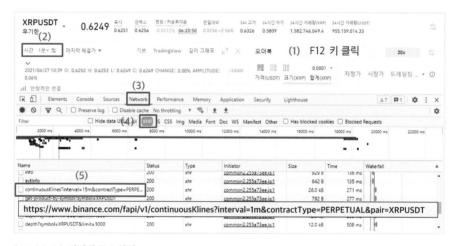

| 그림 9-2 | 인터넷 주소 찾기

개발자 도구를 사용하기 위해서 먼저 인터넷 브라우저에서 먼저 바이낸스 사이트에
접속한 다음에 무기한 선물 트레이딩 화면을 연다. 다음으로 (1) F12 키를 클릭하면
화면 하단에 개발자 도구가 나온다. 브라우저 설정에 따라 화면 우측 또는 별도의 창
으로 뜨기도 한다. 에지(Edge) 브라우저, 파이어폭스 또한 같은 방법으로 개발자 도구
를 열 수 있다.

개발자 도구는 말 그대로 웹 프로그램을 개발하는 사람이 프로그램이 어떻게 동작
하는지 모니터링할 수 있는 다양한 기능을 제공한다. 관심 있는 것은 1분 데이터를
제공하는 인터넷 주소를 찾는 것이므로 수많은 기능 중에 단 하나만 사용할 것이다.

(2) 트레이딩 화면에서 왼쪽 위 '시간' 옆 부분을 클릭해서 '1분'으로 바꿔 놓는다. 그래야만 차트가 1분 데이터로 바뀌고 브라우저도 1분 데이터를 호출하게 된다. (3) 다음으로 개발자 도구에서 [Network] 항목을 클릭한다. 이곳에는 브라우저가 인터넷으로 내려받은 데이터, 프로그램, 이미지 등 모든 자료를 볼 수 있다. (4) 다음으로 'XHR' 항목을 찾는다. XHR은 브라우저 통신 방식의 하나로, 비동기로 데이터를 순서 없이 호출할 때 사용한다. 1분 데이터는 비동기로 호출하므로 'XHR' 항목에서 찾을 수 있다. (5) 마지막으로 데이터를 호출하는 주소를 찾는다. 'Name' 칼럼에서 다음 URL을 확인할 수 있다.

> **URL** https://www.binance.com/fapi/v1/continuousKlines?interval=1m&contractType=PERPETUAL&pair=XRPUSDT

1분 데이터를 제공하는 주소를 그냥 알려줄 수도 있지만 스스로 주소를 찾아보는 것도 많은 도움이 된다. 알고리즘에 따라 4분 또는 15분 데이터를 사용할 수도 있기 때문에 자신에게 필요한 주소를 브라우저를 통해 직접 알아내는 방법을 알아야 한다.

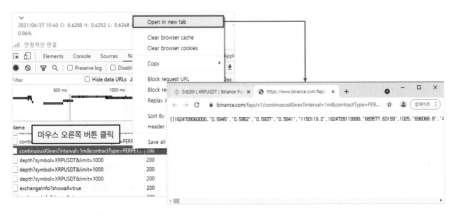

| 그림 9-3 | 데이터 확인

개발자 도구에서 주소를 클릭하고 마우스 오른쪽 버튼을 누르면 메뉴를 선택하는

화면이 나오는데, [Open in new tab] 항목을 클릭하면 새 창에서 주소를 호출한 결과를 확인할 수 있다.

이제 1분 데이터를 제공하는 인터넷 주소를 찾았으므로 트레이딩 프로그램에 사용할 데이터를 내려받아 파일로 저장하는 프로그램을 만들어 보자.

데이터 수집하기

 이 절에서 살펴볼 예제

./get_1m_data.ipynb ⟳ jupyter

이제 주소를 기반으로 웹 크롤러를 개발해서 데이터를 수집해 보자. 웹 크롤러는 이름만으로 보면 굉장히 어려운 것 같지만 파이썬의 강력한 패키지는 모든 과정을 생략하고 간단한 함수 호출만으로 사용자가 원하는 기능을 구현할 수 있도록 지원한다. 이것이 파이썬의 장점이기도 하다.

```
import time
import datetime
import pandas as pd
import requests

url = 'https://www.binance.com/fapi/v1/continuousKlines?interval=1m&contractType=PERPETUAL&pair=XRPUSDT'
webpage = requests.get(url) #(1) 인터넷을 통해 데이터 받아오기
webpage.content            #(2) 데이터 출력
```

b'[[1624728180000,"0.5946","0.5957","0.5942","0.5952","628535.0",1624728239999,"374020.74577",755,"37549
7.1","223425.08851","0"],[1624728240000,"0.5952","0.5987","0.5952","0.5983","1193377.2",1624728299999,"7
12986.18583",1327,"798781.8","477276.67379","0"],[1624728300000,"0.5983","0.6009","0.5982","0.6001","189
2451.5",1624728359999,"1134964.55469",1889,"1170605.9","702136.81230","0"],[1624728360000,"0.6002","0.60
02","0.5987","0.5991","1007611.5",1624728419999,"603904.07786",1058,"448571.0","268868.02525","0"],[1624
728420000,"0.5991","0.5996","0.5978","0.5983","1006708.3",1624728479999,"602563.02278",951,"352671.6","2
11104.90227","0"],[1624728480000,"0.5983","0.5983","0.5962","0.5965","1131619.6",1624728539999,"675369.7

| 그림 9-4 | 1분 데이터 받아 오기

(1) 복잡한 통신 기능은 requests 패키지에서 모두 알아서 해준다. 데이터를 가져오

려면 get( ) 함수에 인터넷 주소를 인수로 넘겨주기만 하면 된다.

(2) 가져온 데이터는 content 속성에 저장되며 주피터 노트북에서는 print( ) 함수를 따로 호출하지 않아도 마지막 변숫값을 그대로 출력한다.

```
#####120일 전 데이터 가져오기
base_url = "https://www.binance.com/fapi/v1/klines?symbol=XRPUSDT&interval=1m&limit=1000&startTime={}"
gettimestamp = int(time.time() - 60*60*24 * 120)*1000  #(2) 120일 시간지정
base_url = base_url.format(gettimestamp)           #(3) startTime 항목에 시간 설정  (1)
webpage = requests.get(base_url)
webpage.content
```

b'[[1614390720000,"0.4407","0.4413","0.4405","0.4406","340573.7",1614390779999,"150147.09833",201,"16043
7.5","70739.58719","0"],[1614390780000,"0.4406","0.4411","0.4404","0.4408","284910.7",1614390839999,"125
555.19340",188,"137310.2","60521.81319","0"],[1614390840000,"0.4408","0.4412","0.4405","0.4409","218617.
0",1614390899999,"96387.28947",180,"125986.8","55546.66737","0"],[1614390900000,"0.4408","0.4412","0.440
6","0.4406","212898.8",1614390959999,"93854.49026",132,"80481.6","35482.65595","0"],[1614390960000,"0.44
07","0.4410","0.4406","0.4408","111763.5",1614391019999,"49259.14068",102,"69024.5","30423.06033","0"],

| 그림 9-5 | 120일 전 데이터 받아 오기

앞에서 사용한 주소는 당일 데이터만 제공하나 주소를 조금 변경하면 과거 데이터를 조회할 수 있다.

(1) limit에는 조회하는 데이터 건수를 지정하고 **(2)** startTime에는 데이터를 받아 올 타임스탬프를 지정한다. 타임스탬프는 시각을 '1614450660000'와 같이 숫자 형식으로 표현한 것인데, 눈으로는 식별하기 어렵고 프로그램을 통해서 변환해야 한다. 현재와 가까울수록 숫자가 커진다. startTime 뒤에 오는 {} 기호는 나중에 format( ) 함수를 이용해 값을 가변적으로 입력할 수 있도록 지원한다.

(2) time.time( ) 함수는 현재 시각을 초 단위 타임스탬프 형식으로 변형한다. 120일 전을 계산하고자 간단한 수식을 사용하는데, 60초*60분*24시간*120일 형식으로 초를 계산해서 현재 타임스탬프에서 빼 준 것이다. 마지막에 1000을 곱한 것은 바이낸스에서 사용하는 타임스탬프는 초 단위가 아닌 1/1,000초 단위이므로 이를 맞추기 위함이다.

(3) base_url은 문자형 변수이다. 파이썬에서는 모든 변수를 객체로 다루고 있다. 문자형 변수 객체는 format( ) 함수를 지원하며 문자열에 지정된 {} 영역에 format( ) 함수에 인수로 넘겨주는 숫자를 입력한다. 여기에서는 앞에서 계산한 120일 전의 타임스탬프를 입력한다.

데이터를 화면에 출력하면 [그림 9-5] 아랫부분과 같이 나오는 것을 확인할 수 있다.

```
def get_date(mili_time):
    KST = datetime.timezone(datetime.timedelta(hours=9))
    dt = datetime.datetime.fromtimestamp(mili_time / 1000.0, tz=KST)
    timeline = str(dt.strftime('%D %H:%M:%S'))  #(1) 출력형식 지정
    return timeline
get_date(1614450660000)

'02/28/21 03:31:00'
```

| 그림 9-6 | 타임스탬프 데이터 확인

먼저 타임스탬프 데이터를 확인하고자 get_date( )라는 함수를 만드는데, 특별한 기능이 있는 것이 아니고 단지 데이터를 확인하는 용도이므로 자세한 설명은 생략하도록 하겠다. 함수를 호출할 때 타임스탬프를 인수로 넣으면 눈으로 확인할 수 있는 시간을 출력한다.

```
#####120일 전체 데이터 받기

base_url = "https://www.binance.com/fapi/v1/klines?symbol=XRPUSDT"+ ₩
            "&interval=1m&limit=1000&startTime={}"
gettimestamp = int(time.time() - 60*60*24 * 120)*1000

for i in range(int(120*1.4)): #(1) 데이터 건수 설정

    #(2)타임스탬프 설정
    url = base_url.format(int(gettimestamp))

    webpage = requests.get(url)

    #(3)JSON 형식 데이터 읽어서 임시 데이터 프레임에 저장
    df_candle_temp = pd.read_json(webpage.content)

    #(4) 새로 받은 데이터를 기존 데이터 프레임과 병합
    df_candle = pd.concat([df_candle,df_candle_temp],axis=0)

    #(5)마지막 타임스탬프 추출
    gettimestamp = df_candle_temp[0][-1:].values[0]

#(6)컬럼 이름 수정
rename_columns = {0: 't', 1: 'o', 2: 'h', 3: 'l', 4: 'c', 5: 'v'}
df_candle = df_candle[[0, 1, 2, 3, 4, 5]].rename(columns=rename_columns)

#(7)널 데이터 삭제
df_candle = df_candle.dropna(axis=0)

#(8)파일로 저장
df_candle.to_csv("./data/XRPUSDT.csv", index=False)
```

| 그림 9-7 | 120일 전체 데이터 받아 오기

이제 트레이딩 알고리즘 유효성을 검증하는 백테스트에 사용하기 위해 120일 동안 만들어진 전체 1분 데이터를 수집해 보자. 주소 설정과 타임스탬프를 계산하는 것은 앞에서 설명한 것과 동일하다.

(1) 루프를 몇 번 반복할지 결정해야 하는데, URL을 보면 데이터를 1,000건 받아 오도록 설정했다. 24시간은 1,440초로 구성되고 120일 데이터를 받아와야 하므로 120과 1.4를 곱했다.

(2) 다음으로 주소에 들어갈 타임스탬프를 입력한다. 이 타임스탬프는 아랫부분에 다시 나오는데, 내려받은 데이터 중 최신값을 다음에 반복할 때 넣게 된다.

(3) 인터넷에서 받은 데이터는 JSON 형식이다. 이 데이터를 데이터 프레임에 저장 가능한 형식으로 바꿔주는 함수가 바로 read_json( )이다.

(4) 판다스에서 제공하는 concat( ) 함수를 사용해서 기존 데이터 프레임(df_candel)과 새로 받은 데이터를 저장한 데이터 프레임(df_candle_temp)을 병합한다. 여기서는 axis를 0으로 지정했으므로 데이터가 위아래로 결합한다.

(5) 데이터는 한 번에 1,000건씩 받아 오기 때문에 다음에 또 1,000건을 받아 오려면 새로운 타임스탬프를 넣어야 한다. 새로 받은 데이터 중에 가장 마지막에 있는 타임스탬프를 추출한다. df_candle_temp[0]은 데이터 프레임의 첫 번째 칼럼을 의미한다. 이 칼럼은 바로 타임스탬프를 의미한다. [-1:]은 데이터 인덱싱 기법인데, 가장 마지막 데이터를 추출하라는 의미이다. values[0]은 데이터가 배열 형식으로 반환되기 때문에 배열 안에 있는 데이터만 추출한다.

(6) 데이터 프레임을 생성할 때 칼럼 이름을 별도로 지정하지 않으면 숫자 0부터 차례대로 이름이 부여된다. 데이터 특성에 맞는 이름을 부여해서 프로그래밍 과정에서 알아보기 쉽도록 하자. t(timestamp)는 타임스탬프, o(open)

는 시가, h(high)는 최고가, l(low)은 최저가, c(close)는 종가, 마지막으로 v(volume)는 거래량이다.

(7) 코인이 선물시장에 상장된 지 얼마 되지 않았으면 120 데이터가 다 없을 수도 있다. 그러면 널(Null) 데이터가 들어가 있기 때문에 dropna( ) 함수를 사용해서 널을 포함한 전체 행을 삭제하자.

(8) 이제 수집된 데이터를 파일로 저장해서 시간이 지난 다음에도 다시 사용할 수 있도록 하자. 데이터 프레임 객체는 to_csv( ) 함수를 지원해서 아주 간단하게 데이터 프레임 데이터를 파일로 저장할 수 있도록 지원한다.

```
gettimestamp = df_candle['t'][-1:].values[0]
get_date(gettimestamp)

'06/24/21 00:19:00'
```

| 그림 9-8 | 마지막 데이터 날짜 확인

데이터 프레임은 120일 전 데이터부터 수집해서 최신 데이터를 마지막으로 수집하게 된다. 데이터 프레임이 마지막 부분에 최신 데이터가 들었다면 정상적으로 데이터가 수집되었다고 할 수 있다. 마지막 데이터의 타임스탬프를 get_date( ) 함수를 사용해서 출력해 날짜를 확인해보자. 데이터 수집할 때 정확한 건수를 넣을 것이 아니라 대략적인 숫자를 계산했기 때문에 마지막 데이터가 오늘 날짜가 아닐 수 있다.

데이터 저장 파일

C:₩robobytes₩data₩XRPUSDT.csv

t	o	h	l	c	v
1.61E+12	0.4406	0.441	0.4405	0.4408	288996.7
1.61E+12	0.4408	0.442	0.4408	0.442	559487.6
1.61E+12	0.4419	0.4424	0.4415	0.4417	560664.6
1.61E+12	0.4417	0.4424	0.4417	0.442	371559.7
1.61E+12	0.442	0.4423	0.4416	0.4417	442357.3
1.61E+12	0.4418	0.4421	0.4415	0.4416	131596.6
1.61E+12	0.4416	0.4421	0.4411	0.4421	210594.2
1.61E+12	0.4421	0.4425	0.4421	0.4421	320562.8
1.61E+12	0.442	0.442	0.4411	0.4415	525120.4
1.61E+12	0.4414	0.442	0.4411	0.4419	516875.1
1.61E+12	0.4419	0.4422	0.441	0.4413	815721.2
1.61E+12	0.4413	0.4413	0.4405	0.4407	639393.1
1.61E+12	0.4408	0.4412	0.4404	0.441	339928.1
1.61E+12	0.4409	0.4412	0.4404	0.441	358383.1

| 그림 9-9 | XRPUSDT.csv 파일 확인

이제 마지막으로 CSV 파일을 올바르게 저장했는지 확인해 보자. 데이터를 저장한
C:₩robobytes₩data 폴더로 이동해서 XRPUSDT.csv 파일을 열어 보자. [그림 9-9]
와 같은 데이터를 확인할 수 있으면 파일을 올바르게 생성한 것이다.

이제 프로그램 개발에 필요한 기초 데이터를 모두 수집했다. 다음 장에서는 이 데이
터를 활용해서 알고리즘 개발에 필요한 기술 지표를 만들어 보도록 하겠다.

앞서 암호화폐 분야에 많이 사용되는 대표 기술 지표 몇 가지를 알아봤다. 하지만, 본격적으로 알고리즘 트레이딩 프로그램을 개발하려면 더 많은 지표가 필요할 수 있다. 그때마다 지표를 깊이 이해하고 직접 코딩하려면 오랜 시간이 필요하다.

파이썬은 장점은 쉽게 활용할 수 있는 편리한 패키지가 많다는 것이다. 금융 데이터 분석 분야에서도 이러한 패키지가 많이 있다. 대표적으로 TA(Technical Analysis Library)가 있는데, 기술적 분석에 사용되는 다양한 지표를 몇 줄의 코드만으로 사용할 수 있도록 지원한다. 이번 장에서는 TA 패키지를 활용한 기술 지표 프로그래밍을 알아보도록 하자.

## 10 장

기술 지표
프로그래밍

TA 소개

기술 지표는 대부분 시간, 고가, 저가, 종가, 거래량을 기본 데이터로 해서 계산한다. 파이썬 머신러닝 엔지니어인 다리오 로페스 파디알(Dario Lopez Padial)이 개발한 TA(Technical Analysis Library) 패키지는 기본 데이터를 입력하면 원하는 기술 지표를 자동으로 계산해 주는 시계열 금융 데이터 분석 도구다. TA는 판다스(Pandas) 패키지를 기반으로 개발했다.

URL https://technical-analysis-library-in-python.readthedocs.io/en/latest/

| 그림 10-1 | TA 홈페이지

TA 홈페이지에 들어가면 패키지에 대한 일반적인 설명보다는 어떻게 설치하고 사

용하는지에 대한 설명을 직접적으로 한다. 굉장히 실용적이라는 느낌이 드는 부분이다.

Volume
- Accumulation/Distribution Index (ADI)
- On-Balance Volume (OBV)
- On-Balance Volume mean (OBV mean)
- Chaikin Money Flow (CMF)
- Force Index (FI)
- Ease of Movement (EoM, EMV)
- Volume-price Trend (VPT)
- Negative Volume Index (NVI)

Volatility
- Average True Range (ATR)
- Bollinger Bands (BB)
- Keltner Channel (KC)
- Donchian Channel (DC)

Trend
- Moving Average Convergence Divergence (MACD)
- Average Directional Movement Index (ADX)
- Vortex Indicator (VI)
- Trix (TRIX)
- Mass Index (MI)
- Commodity Channel Index (CCI)
- Detrended Price Oscillator (DPO)
- KST Oscillator (KST)
- Ichimoku Kinkō Hyō (Ichimoku)

Momentum
- Money Flow Index (MFI)
- Relative Strength Index (RSI)
- True strength index (TSI)
- Ultimate Oscillator (UO)
- Stochastic Oscillator (SR)
- Williams %R (WR)
- Awesome Oscillator (AO)

Others
- Daily Return (DR)
- Cumulative Return (CR)

| 그림 10-2 | TA 홈페이지

TA는 모두 5개의 카테고리에 32개의 지표를 제공한다. 지표별로 항목을 조절할 수 있으며 새로운 지표와 문서를 계속 업데이트한다. 또한, 인덱스 페이지와 검색 기능을 지원하므로 원하는 지표를 쉽게 찾을 수 있다.

이제 TA를 활용해서 알고리즘 트레이딩에 사용할 기술 지표를 하나씩 개발해 보자.

이동평균 계산하기

 이 절에서 살펴볼 예제

./calc_indicators.ipynb ⟳ Jupyter

이동평균은 정해진 기간만큼 계속 이동하면서 평균을 구하는 기법이다. 다양한 종류의 이동평균이 있지만, 이 책에서는 단순이동평균, 지수이동평균, 가중이동평균을 구해보도록 하겠다. TA에서는 더욱 다양한 이동평균 계산할 수 있도록 지원하므로 기본기를 익힌 후 다양한 지표를 활용해 보도록 하자.

```
import pandas as pd
import numpy as np

df = pd.read_csv('./data/XRPUSDT.csv')
df
```

	t	o	h	l	c	v
0	1.614391e+12	0.4406	0.4410	0.4405	0.4408	288996.7
1	1.614391e+12	0.4408	0.4420	0.4408	0.4420	559487.6
2	1.614392e+12	0.4419	0.4424	0.4415	0.4417	560664.6
3	1.614392e+12	0.4417	0.4424	0.4417	0.4420	371559.7
4	1.614392e+12	0.4420	0.4423	0.4416	0.4417	442357.3
...	...	...	...	...	...	...
168995	1.624461e+12	0.6251	0.6280	0.6236	0.6272	4071410.5
168996	1.624461e+12	0.6271	0.6294	0.6268	0.6289	2653766.6
168997	1.624461e+12	0.6290	0.6300	0.6274	0.6292	2885317.7
168998	1.624461e+12	0.6292	0.6294	0.6254	0.6256	1716642.4
168999	1.624462e+12	0.6256	0.6278	0.6203	0.6207	3897471.6

169000 rows × 6 columns

| 그림 10-3 | 데이터 로딩

먼저 웹 크롤러를 통해 수집한 데이터를 로딩해 보자. 판다스에서는 read_csv( ) 함수를 이용하여 간단하게 CSV 파일을 로딩해서 데이터 프레임에 저장할 수 있도록 지원한다. 수집한 데이터는 모두 169,000건이며 칼럼은 모두 6개가 있다.

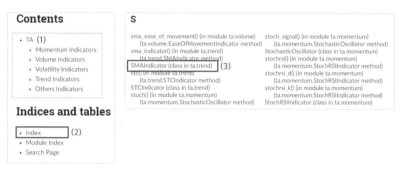

| 그림 10-4 | 클래스 찾기

이제 이동평균을 계산할 수 있는 클래스를 찾아야 한다. 여러 가지 방법이 있는데, 우선 홈페이지 아래를 보면 (1) 'Contents' 항목을 찾을 수 있는데, 이동평균이 어떤 유형의 지표인지 알고 있으면 이용하기 쉬운 방법이다. 하지만, 초보자라면 유형을 알기가 쉽지 않기 때문에 인덱스를 이용하는 것을 추천한다. 인덱스는 말 그대로 알파벳 순으로 클래스를 나열한 것이다. (2) 'Indices and tables' 항목에서 'Index'를 클릭하자. (3) 알파벳 순서로 찾을 수 있는데 여기에서 단순 이동평균을 의미하는 'SMA'로 검색하면 해당 클래스를 찾을 수 있다.

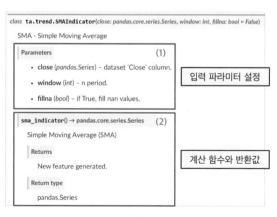

| 그림 10-5 | SMIIndicator 클래스

클래스 설명 페이지는 크게 두 부분으로 나뉜다. **(1)** 첫 번째는 입력 인수 설명 부분인데, 클래스를 생성할 때 어떤 인수를 넣어야 하는지 설명한다. **(2)** sma_indicator 함수는 입력 받은 데이터를 가지고 단순이동평균을 계산해서 시리즈(Series) 객체로 반환한다.

close 변수는 종가를 지정하는 부분이고 시리즈(Series) 타입의 데이터가 들어간다. 즉, 데이터 프레임에서 하나의 행(row)만 선택하면 시리즈 타입이 되므로 테스트 데이터를 저장한 데이터 프레임에서 종가를 의미하는 c 칼럼만 선택해서 넣어주면 된다.

window 변수는 이동평균을 계산하는 데 사용하는 기간을 의미한다. 6분 이동평균을 구하고 싶으면 6을 넣으면 된다.

fillna 변수는 이동평균 계산 결과가 널(Null)이라면 다른 값으로 채우라는 의미이다. True로 설정하면 다른 값으로 채우고 False로 설정하면 널 데이터 그대로 출력한다. 6분 이동평균을 구할 경우 처음 5분 동안은 6분 데이터를 구할 수 없으므로 값이 널 데이터(NaN)로 채워질 것이다.

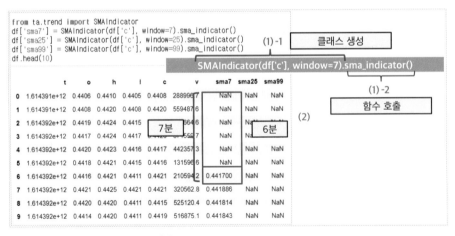

| 그림 10-6 | 단순이동평균(SMA) 계산

(1)-1 단순이동평균을 계산하려면 먼저 클래스를 생성해야 한다. 클래스를 생성할 때 어떤 칼럼을 종가로 사용할지 지정해야 하는데 여기에서는 c 칼럼을 종가로 사용하므로 인수로 df['c']를 넣었다. 이동평균 기간은 모두 3개를 설정했는데 7분, 25분 그리고 99분을 사용했다. 이 기간은 바이낸스 PC 화면에서 기본으로 사용하는 기간이므로 취향에 따라 변경할 수 있다. (1)-2 smi_indicator 함수를 호출해서 단순이동평균을 계산한다.

(2) 단순이동평균을 계산한 결과를 살펴보자. 먼저 7분 이동평균은 6분까지는 결과가 널(NaN)로 나오고 7분부터 정상 결과가 나오는 것을 확인할 수 있다.

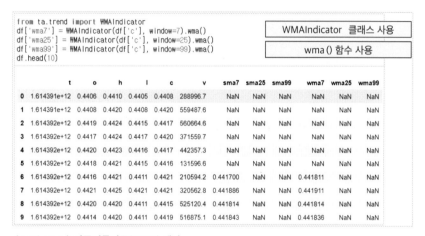

| 그림 10-7 | 가중이동평균(WMA) 계산

이제 가중이동평균(WMA) 데이터를 구해 보자. 가중이동평균은 최근 데이터에 더 많은 가중치를 주고 이동평균을 구한 것이다. WMAIndicator 클래스에서 제공하는 wma( ) 함수를 사용해서 계산할 수 있다.

단순이동평균은 계산 속도가 빠르지만, 가중이동평균은 연산량이 많으므로 계산 시간이 상대적으로 오래 걸린다.

MACD 계산하기

이 절에서 살펴볼 예제

./calc_indicators.ipynb ⟳ Jupyter

이동평균수렴·확산지수(moving average convergence divergence, MACD)는 이동평균의 후행 문제를 해결하고자 개발한 지표로, MACD Line, Signal Line, 그리고 Zero Line 으로 구성되는데, 알고리즘 트레이딩에서는 Zero Line보다는 MACD Line과 Signal Line의 차이인 Diff Line을 자주 사용하는 편이다.

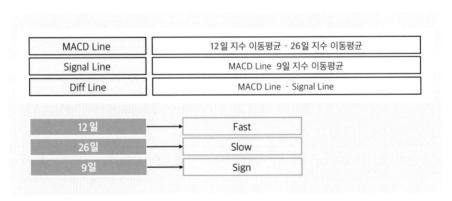

MACD Line	12일 지수 이동평균 - 26일 지수 이동평균
Signal Line	MACD Line 9일 지수 이동평균
Diff Line	MACD Line - Signal Line

12일	Fast
26일	Slow
9일	Sign

| 그림 10-8 | MACD 다시 보기

MACD Line은 12일 지수이동평균에서 26일 지수이동평균 데이터를 뺀 것이고 Signal Line은 MACD Line의 9일 지수이동평균이다. Diff Line은 MACD Line에서 Signal Line을 뺀 것이다. TA에서는 12일은 Fast, 26일은 Slow, 9일은 Sign이라는 용어로 표현한다.

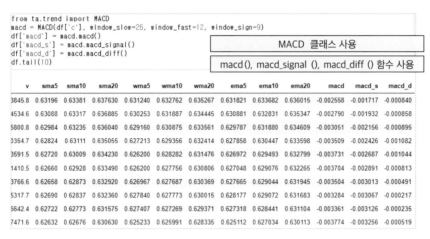

```
from ta.trend import MACD
macd = MACD(df['c'], window_slow=26, window_fast=12, window_sign=9)
df['macd'] = macd.macd()
df['macd_s'] = macd.macd_signal()          MACD 클래스 사용
df['macd_d'] = macd.macd_diff()
df.tail(10)                                 macd(), macd_signal (), macd_diff () 함수 사용
```

	v	sma5	sma10	sma20	wma5	wma10	wma20	ema5	ema10	ema20	macd	macd_s	macd_d
	3845.8	0.63196	0.63381	0.637630	0.631240	0.632762	0.635267	0.631821	0.633682	0.636015	-0.002558	-0.001717	-0.000840
	4534.6	0.63088	0.63317	0.636885	0.630253	0.631887	0.634445	0.630881	0.632831	0.635347	-0.002790	-0.001932	-0.000858
	5800.8	0.62984	0.63235	0.636040	0.629160	0.630875	0.633561	0.629787	0.631880	0.634609	-0.003051	-0.002156	-0.000895
	0354.7	0.62824	0.63111	0.635055	0.627213	0.629356	0.632414	0.627858	0.630447	0.633598	-0.003509	-0.002426	-0.001082
	3591.5	0.62720	0.63009	0.634230	0.626200	0.628282	0.631476	0.626972	0.629493	0.632799	-0.003731	-0.002687	-0.001044
	1410.5	0.62660	0.62928	0.633490	0.626200	0.627756	0.630806	0.627048	0.629076	0.632265	-0.003704	-0.002891	-0.000813
	3766.6	0.62658	0.62873	0.632920	0.626967	0.627687	0.630369	0.627665	0.629044	0.631945	-0.003504	-0.003013	-0.000491
	5317.7	0.62690	0.62837	0.632360	0.627840	0.627773	0.630015	0.628177	0.629072	0.631683	-0.003284	-0.003067	-0.000217
	6642.4	0.62722	0.62773	0.631575	0.627407	0.627269	0.629371	0.627318	0.628441	0.631104	-0.003361	-0.003126	-0.000235
	7471.6	0.62632	0.62676	0.630630	0.625233	0.625991	0.628335	0.625112	0.627034	0.630113	-0.003774	-0.003256	-0.000519

| 그림 10-9 | **MACD 계산하기**

MACD를 계산하려면 MACD 클래스를 생성해야 한다. 종가 외에 Fast, Slow, Sign을 설정하는 3개의 인수가 더 들어간다. 모두 기본 설정인 12, 26, 9를 사용하도록 하자. MACD, Signal, Diff를 계산하기 위한 각각의 함수를 제공하므로 함수 호출만으로 지표를 계산할 수 있다.

다른 지표를 확인하고자 head( ) 함수를 사용했지만, MACD는 최소 26분 데이터가 있어야 하므로 tail( ) 함수로 마지막 데이터를 확인했다.

RSI와 StochRSI 계산하기

이 절에서 살펴볼 예제

./calc_indicators.ipynb ⟳ jupyter

상대강도지수(RSI)는 시장의 상승과 하락의 강도를 지표를 측정하여 현 상태의 과매수(overbought)/과매도(oversold) 여부를 판단하는 데 사용한다.

RSI를 계산하려면 AU(average up), AD(average down), RS(AU/AD 그리고 RSI(RS/(1+RS))를 각각 계산해야 하지만, `RSIIndicator` 클래스를 사용하면 대상 기간만 설정하면 쉽게 RSI를 계산할 수 있다.

```
from ta.momentum import RSIIndicator
df['rsi6'] = RSIIndicator(df['c'], window=6).rsi()      RSIIndicator 클래스 사용
df['rsi12'] = RSIIndicator(df['c'], window=12).rsi()
df['rsi24'] = RSIIndicator(df['c'], window=24).rsi()     rsi() 함수 사용
df.head(10)
```

v	sma5	sma10	sma20	wma5	...	wma20	ema5	ema10	ema20	macd	macd_s	macd_d	rsi6	rsi12	rsi24
7	NaN	NaN	NaN	NaN	...	NaN	NaN	NaN	NaN	NaN	NaN	NaN	NaN	NaN	NaN
6	NaN	NaN	NaN	NaN	...	NaN	NaN	NaN	NaN	NaN	NaN	NaN	NaN	NaN	NaN
6	NaN	NaN	NaN	NaN	...	NaN	NaN	NaN	NaN	NaN	NaN	NaN	NaN	NaN	NaN
7	NaN	NaN	NaN	NaN	...	NaN	NaN	NaN	NaN	NaN	NaN	NaN	NaN	NaN	NaN
3	0.44164	NaN	NaN	0.441760	...	NaN	0.441619	NaN	NaN	NaN	NaN	NaN	NaN	NaN	NaN
6	0.44180	NaN	NaN	0.441747	...	NaN	0.441612	NaN	NaN	NaN	NaN	NaN	60.049452	NaN	NaN
2	0.44182	NaN	NaN	0.441847	...	NaN	0.441775	NaN	NaN	NaN	NaN	NaN	72.595105	NaN	NaN
8	0.44190	NaN	NaN	0.441940	...	NaN	0.441883	NaN	NaN	NaN	NaN	NaN	72.595105	NaN	NaN
4	0.44180	NaN	NaN	0.441807	...	NaN	0.441756	NaN	NaN	NaN	NaN	NaN	47.058912	NaN	NaN
1	0.44184	0.44174	NaN	0.441840	...	NaN	0.441804	0.441666	NaN	NaN	NaN	NaN	58.685271	NaN	NaN

| 그림 10-10 | RSI 계산하기

TA는 RSI를 계산하고자 RSIIndicator 클래스를 지원하며 rsi( ) 함수를 사용해서 기간별 RSI를 계산할 수 있다.

RSI는 과매수와 과매도를 판단하기 위해 많이 쓰인다. 일반적으로 0.7 이상이면 과매수 0.3 이하면 과매도로 판단하지만, 이동평균처럼 기간을 달리해서 RSI를 구하고 짧은 기간의 RSI가 긴 기간의 RSI를 상향 또는 하향 돌파할 때 매매 타이밍을 정하기도 한다.

스토캐스틱 RSI는 표준 RSI를 한 번 더 가공한 지표로, 최저점과 최고점의 RSI를 사용하므로 표준 RSI보다 더 민감하게 반응한다. 스토캐스틱 RSI는 더 많은 시그널을 생성하므로 시장 동향과 매수/매도 타이밍 결정에 더 많은 정보를 제공한다는 장점이 있지만, 잘못된 시그널을 생성한다는 단점도 있기 때문에 다른 지표와 함께 사용하는 것이 일반적이다.

| 그림 10-11 | StochRSI 지표 다시 보기

지표를 계산하기 전에 수식을 한 번 더 살펴보자. 스토캐스틱 RSI는 두 개의 선으로 이루어진다. 하나는 %K 라인이고 다른 하나는 %D 라인이다. %K 라인은 스토캐스틱 RSI의 이동평균선이고 %D 라인은 일정 기간 %K 라인에 대한 이동평균을 구한 값이다.

```
from ta.momentum import StochRSIIndicator
stochRSI = StochRSIIndicator(df['c'], window=14, smooth1=3, smooth2=3)
df['srsi'] = stochRSI.stochrsi()
df['srsik'] = stochRSI.stochrsi_k()
df['srsid'] = stochRSI.stochrsi_d()
df.tail(10)
```

| | | | window: StochRSI 계산 구간 | | |
| | smooth1: %K 구간 | | smooth2: %D 구간 | | |

sma20	wma5	...	ema20	macd	macd_s	macd_d	rsi6	rsi12	rsi24	srsi	srsik	srsid
.637630	0.631240	...	0.636015	-0.002558	-0.001717	-0.000840	9.844287	21.099114	32.078004	0.000000	0.000000	0.000000
.636885	0.630253	...	0.635347	-0.002790	-0.001932	-0.000858	7.849269	18.995512	30.502364	0.000000	0.000000	0.000000
.636040	0.629160	...	0.634609	-0.003051	-0.002156	-0.000895	6.114469	16.856548	28.781326	0.000000	0.000000	0.000000
.635055	0.627213	...	0.633598	-0.003509	-0.002426	-0.001082	3.635266	12.810142	24.996892	0.000000	0.000000	0.000000
.634230	0.626200	...	0.632799	-0.003731	-0.002687	-0.001044	17.083208	19.809987	28.277163	0.272939	0.090980	0.030327
.633490	0.626200	...	0.632265	-0.003704	-0.002891	-0.000813	35.175931	30.024255	33.346874	0.677097	0.316678	0.135886
.632920	0.626967	...	0.631945	-0.003504	-0.003013	-0.000491	46.977102	37.416165	37.279116	0.974846	0.641627	0.349762
.632360	0.627840	...	0.631683	-0.003284	-0.003067	-0.000217	48.945341	38.663516	37.953170	1.000000	0.883981	0.614095
.631575	0.627407	...	0.631104	-0.003361	-0.003126	-0.000235	31.895861	30.663100	33.451596	0.689302	0.888049	0.804552
.630630	0.625233	...	0.630113	-0.003774	-0.003256	-0.000519	20.329423	23.456168	28.628824	0.396437	0.695246	0.822425

| 그림 10-12 | StochRSI 계산하기

스토캐스틱 RSI를 계산하려면 StochRSIIndicator 클래스를 사용한다. 클래스를 생성할 때 모두 4개의 인수를 전달하는데, 처음에 전달하는 df['c']는 계산에 사용하는 종가 데이터이고 window는 StochRSI에서 현재 RSI, RSI의 최댓값과 최솟값을 계산할 구간이다. smooth1은 StochRSI의 이동평균을 구할 구간이다. %K를 계산할 때 사용된다. smooth2는 %K의 이동평균을 구할 구간이다. %D를 계산할 때 사용한다.

볼린저밴드 계산하기

볼린저밴드는 시장의 과매수/과매도 여부를 판단하는 지표이다. 20일 이동평균선을 중심에 놓고 표준 편차를 더해서 상단을 표시하고 표준 편차를 빼서 하단을 표시한다. 현재 주가가 상중하로 표시되는 밴드 어디쯤 위치하는지를 보고 매매 타이밍을 결정한다.

상단밴드	M일 단순 이동 평균(SMA) + (M 일 표준 편차 * N)
중간선	M일 단순 이동 평균(SMA)
하단밴드	M일 단순 이동 평균(SMA) - (M일 표준 편차 * N)

| 그림 10-13 | 볼린저밴드 구성

상단 밴드를 계산할 때 M일 단순 이동평균을 사용했는데, 일반적으로 20일을 많이 사용하지만 트레이더 취향에 따라 기간을 바꿀 수 있다. 표준편차에 일정 비율을 곱

해서 밴드의 크기를 조절하는데, 일반적으로 2(N)를 많이 사용한다. 이 숫자 또한 트레이더가 조절할 수 있다.

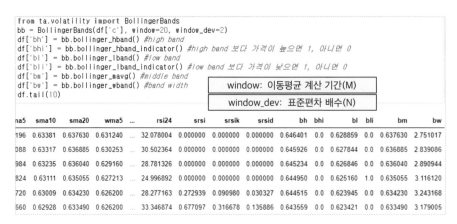

```
from ta.volatility import BollingerBands
bb = BollingerBands(df['c'], window=20, window_dev=2)
df['bh'] = bb.bollinger_hband() #high band
df['bhi'] = bb.bollinger_hband_indicator() #high band 보다 가격이 높으면 1, 아니면 0
df['bl'] = bb.bollinger_lband() #low band
df['bli'] = bb.bollinger_lband_indicator() #low band 보다 가격이 낮으면 1, 아니면 0
df['bm'] = bb.bollinger_mavg() #middle band
df['bw'] = bb.bollinger_wband() #band width
df.tail(10)
```

window: 이동평균 계산 기간(M)
window_dev: 표준편차 배수(N)

na5	sma10	sma20	wma5	...	rsi24	srsi	srsik	srsid	bh	bhi	bl	bli	bm	bw
196	0.63381	0.637630	0.631240	...	32.078004	0.000000	0.000000	0.000000	0.646401	0.0	0.628859	0.0	0.637630	2.751017
088	0.63317	0.636885	0.630253	...	30.502364	0.000000	0.000000	0.000000	0.645926	0.0	0.627844	0.0	0.636885	2.839086
984	0.63235	0.636040	0.629160	...	28.781326	0.000000	0.000000	0.000000	0.645234	0.0	0.626846	0.0	0.636040	2.890944
824	0.63111	0.635055	0.627213	...	24.996892	0.000000	0.000000	0.000000	0.644950	0.0	0.625160	1.0	0.635055	3.116120
720	0.63009	0.634230	0.626200	...	28.277163	0.272939	0.090980	0.030327	0.644515	0.0	0.623945	0.0	0.634230	3.243168
660	0.62928	0.633490	0.626200	...	33.346874	0.677097	0.316678	0.135886	0.643559	0.0	0.623421	0.0	0.633490	3.179005

| 그림 10-14 | 볼린저밴드 계산

볼린저밴드를 계산할 때는 BollingerBands 클래스를 사용한다. 클래스 생성자에 3개의 인수를 넣는데, 처음은 종가이고 다음 window는 이동평균 계산 기간을 의미한다. window_dev는 표준편차에 곱할 배수이다.

- BollingerBands 클래스는 다양한 함수를 지원해서 볼린저밴드를 구성하는 수치를 쉽게 계산할 수 있도록 한다.

- bollinger_hband( ) 함수는 볼린저밴드의 상단을 계산한다.

- bollinger_hband_indicator( ) 함수는 현재 가격이 볼린저밴드의 상단보다 높으면 1을 낮으면 0을 반환한다.

- bollinger_lband( ) 함수는 볼린저밴드의 하단을 계산한다.

- bollinger_lband_indicator( ) 함수는 현재 가격이 볼린저밴드 하단보다 낮으면 1을 높으면 0일 반환한다.

- bollinger_mavg( ) 함수는 볼린저밴드의 중간선을 계산한다.

- bollinger_wband( ) 함수는 볼린저밴드의 너비를 계산한다.

06

거래량 가중평균가격 계산하기

> **이 절에서 살펴볼 예제**
>
> ./calc_indicators.ipynb 🪐 jupyter

거래량 가중평균가격(volume weighted average price, VWAP)은 일정 기간 거래한 자산의 가격을 거래량을 사용하여 가중 평균한 값이다. 거래량 가중평균가격은 가격과 거래량을 함께 고려하므로 일반 지표보다 실전에서 활용 가치가 더 높다.

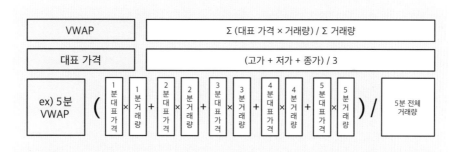

| 그림 10-15 | **VWAP 계산법**

VWAP 지표 계산식을 다시 한번 살펴보자. 먼저 대표가격을 산정을 기간을 정해야 하는데, 일반적으로 14분을 많이 사용한다. 다음으로, 대표가격을 계산하는데, 1분

동안 고가, 저가, 종가를 구한 다음 평균을 한다. 마지막으로 대표가격에 14분 동안 분별 대표가격에 거래량을 곱하고 모두 더하고 이를 거래량으로 다시 나눈다.

```
from ta.volume import VolumeWeightedAveragePrice
vwap = VolumeWeightedAveragePrice(high=df['h'], low=df['l'], close=df['c'], volume=df['v'], window=14)
df['vwap'] = vwap.volume_weighted_average_price()
df.tail(10)
```

ma5	sma10	sma20	wma5	...	srsi	srsik	srsid	bh	bhi	bl	bli	bm	bw	vwap
3196	0.63381	0.637630	0.631240	...	0.000000	0.000000	0.000000	0.646401	0.0	0.628859	0.0	0.637630	2.751017	0.634324
3088	0.63317	0.636885	0.630253	...	0.000000	0.000000	0.000000	0.645926	0.0	0.627844	0.0	0.636885	2.839086	0.633548
2984	0.63235	0.636040	0.629160	...	0.000000	0.000000	0.000000	0.645234	0.0	0.626846	0.0	0.636040	2.890944	0.632923
2824	0.63111	0.635055	0.627213	...	0.000000	0.000000	0.000000	0.644950	0.0	0.625160	1.0	0.635055	3.116120	0.631036
2720	0.63009	0.634230	0.626200	...	0.272939	0.090980	0.030327	0.644515	0.0	0.623945	0.0	0.634230	3.243168	0.629871

| 그림 10-16 | VWAP 계산하기

VWAP를 계산하려면 VolumeWeightedAveragePrice 클래스를 사용해야 한다. 클래스를 생성할 때 입력하는 인수는 굉장히 직관적이다. High, low, close, volume은 차례대로 고가, 저가, 종가, 거래량을 의미한다. 마지막 window는 VWAP 산정 기간이다.

파일로 저장하기

이 절에서 살펴볼 예제

./calc_indicators.ipynb ○ Jupyter

계산한 지표를 파일로 저장하기 전에 불필요한 데이터는 삭제하는 등 전체 칼럼 정보를 살펴보자. 이동평균을 계산할 때 처음에는 지정한 기간만큼 데이터가 없으므로 결과에 널(NaN) 값이 들어간다. 판다스에서 제공하는 dropna( ) 함수를 사용해서 널이 있는 행 전체를 삭제하도록 하자.

```
df = df.dropna()
df.columns

Index(['t', 'o', 'h', 'l', 'c', 'v', 'sma5', 'sma10', 'sma20', 'wma5', 'wma10',
       'wma20', 'ema5', 'ema10', 'ema20', 'macd', 'macd_s', 'macd_d', 'rsi6',
       'rsi12', 'rsi24', 'srsi', 'srsik', 'srsid', 'bh', 'bhi', 'bl', 'bli',
       'bm', 'bw', 'vwap'],
      dtype='object')
```

dropna : 널 처리

df.columns : 컬럼 정보 확인

| 그림 10-17 | 널 처리와 칼럼 정보 확인

데이터 프레임에서는 columns 속성에 저장된 모든 칼럼 이름을 넣는다. columns 속성을 이용해 데이터 프레임에 계산한 지표가 올바르게 저장되었는지 확인해 보자.

```
df.to_csv('./data/XRPUSDT_index.csv', index=False)
```

```
to_csv : CSV 파일로 저장하기
```

| 그림 10-18 | 파일로 저장

이제 모든 데이터를 데이터 프레임에서 제공하는 to_csv( ) 함수를 사용해서 파일로 저장하자. 원본 데이터와 구분하고자 파일명 뒤에 '_index'를 붙인다. 이제 파일을 저장한 폴더로 이동해서 데이터가 잘 저장되어 있는지 확인하자.

지금까지 알고리즘 트레이딩 프로그램 개발에 필요한 모든 지표를 계산해서 파일로 저장했다. 주피터 노트북 셀에서는 지표별로 코드를 분리했지만, 실시간 트레이딩 프로그램으로 사용하려면 다음과 같이 파이썬 파일로 만들어야 한다.

🔍 기술 지표 계산 전체 코드: ./comm/calc_indicators.py

```python
from ta.trend import SMAIndicator
from ta.trend import WMAIndicator
from ta.trend import EMAIndicator
from ta.trend import MACD
from ta.momentum import RSIIndicator
from ta.momentum import StochRSIIndicator
from ta.volatility import BollingerBands
from ta.volume import VolumeWeightedAveragePrice
```

```python
# 단순 이동평균
def get_sma(close, period):
    df_sma = SMAIndicator(close, window=period).sma_indicator()
    return df_sma


# 가중 이동평균
def get_wma(close, period):
    df_wma = WMAIndicator(close, window=period).wma()
    return df_wma


# 지수 이동평균
def get_ema(close, period):
    df_wma = EMAIndicator(close, window=period).ema_indicator()
    return df_wma


# MACD
def get_macd(close, period_slow, period_fast, period_sign):
    macd = MACD(close, window_slow=period_slow, window_fast=period_fast,
                window_sign=period_sign)
    df_macd = macd.macd()
    df_macd_s = macd.macd_signal()
    df_macd_d = macd.macd_diff()
    return df_macd, df_macd_s, df_macd_d


# RSI
def get_rsi(close, period):
    df_rsi = RSIIndicator(close, window=period).rsi()
    return df_rsi


# StochRSI
def get_stochRSI(close, period, period_s1, period_s2):
    df_srsi = StochRSIIndicator(close, window=period, smooth1=period_s1,
                                smooth2=period_s2)
    return df_srsi
```

```python
# Bollinger Bands
def get_bb(close, period, period_dev):
    bb = BollingerBands(close, window=period, window_dev=period_dev)
    df_bh = bb.bollinger_hband()  # high band
    df_bhi = bb.bollinger_hband_indicator()  # high band보다 가격이 높으면 1, 아니면 0
    df_bl = bb.bollinger_lband()  # low band
    df_bli = bb.bollinger_lband_indicator()  # low band보다 가격이 낮으면 1, 아니면 0
    df_bm = bb.bollinger_mavg()  # middle band
    df_bw = bb.bollinger_wband()  # band width
    return df_bh, df_bhi, df_bl, df_bli, df_bm, df_bw


# VWAP
def get_vwap(high, low, close, vol, period):
    vwap = VolumeWeightedAveragePrice(high=high, low=low, close=close,
                                      volume=vol, window=period)
    df_vwap = vwap.volume_weighted_average_price()
    return df_vwap
```

먼저 공통 파일을 모을 폴더인 comm을 만든 다음 그 폴더에 calc_indicators.py 파일
을 만든다. 파일을 열고 주피터 노트북에 있는 코드를 이곳으로 옮긴다. 다른 프로그
램에서 사용할 수 있도록 각 지표를 함수 형태로 변환해야 한다. 코드 변환은 간단하
므로 설명은 생략하도록 하겠다.

바이낸스 오픈 API는 URL을 호출만으로 트레이딩을 할 수 있도록 지원하는 기술이다. 바이낸스 홈페이지에 오픈 API 사용법에 대한 자세한 설명을 찾을 수 있다. 하지만, 매뉴얼을 처음부터 끝까지 읽으면서 사용법을 익히는 것은 만만한 일이 아니다. 사용법을 익혔더라도 오픈 API에서 나오는 출력을 그대로 프로그래밍에 사용할 수 없고 따로 가공해야 한다.

이 장에서는 바이낸스 오픈 API를 쉽게 사용할 수 있도록 지원하는 파이썬 패키지인 **바이낸스 퓨처스 파이썬**(Binance Futures Python)을 중심으로 오픈 API 사용법을 알아보도록 한다. 또한, 파이썬 코드로 기본적인 트레이딩 기능을 직접 구현해 보도록 하겠다.

## 11 장

바이낸스 오픈
API

01

바이낸스 퓨쳐스 파이썬 설치하기

바이낸스 퓨쳐스 파이썬 패키지는 바이낸스에서 오픈 API를 쉽게 사용할 수 있도록 개발한 파이썬 패키지이다. 깃허브에 소스 코드를 공개하고 있으며 프로그램에서 이 패키지를 사용하면 단순한 함수 호출만으로 쉽게 트레이딩을 구현할 수 있다.

URL https://github.com/Binance-docs/Binance_Futures_python

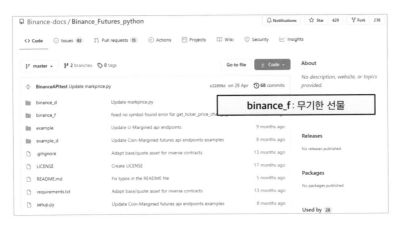

| 그림 11-1 | 깃허브 바이낸스 퓨쳐스 파이썬

바이낸스 퓨쳐스 파이썬을 내려받으려면 깃허브 사이트에 접속해야 한다. 화면에서 4개의 폴더를 확인할 수 있는데, 주로 사용할 것은 무기한 선물과 관련한 binance_f 폴더이다.

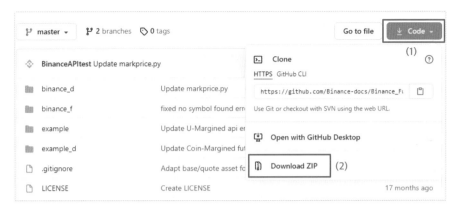

| 그림 11-2 | 코드 내려받기

(1) 화면 오른쪽 위의 <Code> 버튼을 클릭하면 작은 창이 나오는데, (2) 아랫부분의 [Download ZIP] 항목을 클릭하면 소스 코드를 내려받을 수 있다.

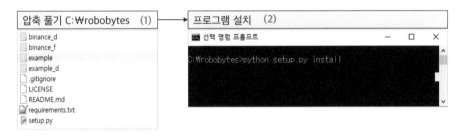

| 그림 11-3 | 바이낸스 퓨쳐스 파이썬 패키지 설치

(1) 내려받은 소스를 C:₩robobytes 폴더에 압축을 푼다.

(2) 다음으로, 명령 프롬프트를 실행하고 C:₩robobytes 폴더로 이동하여 다음 명령어를 실행한다.

```
python setup.py install
```

여기까지만 하면 바이낸스 퓨쳐스 파이썬 패키지를 사용하는 데 필요한 준비는 모두 끝이다.

오픈 API 인증키 발급

이 절에서 살펴볼 예제

./comm/config.py 🐍

바이낸스 오픈 API를 사용하려면 먼저 인증키를 발급받아야 한다. 바이낸스에서는 인증키를 사용해서 올바른 사용자가 보낸 데이터인지 확인하고 트레이딩 기능을 제공한다.

| 그림 11-4 | API 관리 메뉴 찾기

인증키를 발급받으려면 먼저 바이낸스 홈페이지에 로그인해야 한다. 다음으로, 화면 오른쪽 위에 있는 **(1)** 사람 모양 아이콘을 클릭하자. **(2)** 그러면 아래에 이메일이 나오는데, 다시 이메일을 클릭한다. **(3)** 사용자 개인정보 설정 화면으로 넘어가면 [설정] → [API 관리] 메뉴를 선택한다.

| 그림 11-5 | **API 생성 및 인증**

API를 생성하는 첫 번째 단계는 이름을 지정하는 것이다. 바이낸스에서는 여러 개의 인증키를 생성할 수 있으며 생성한 인증키는 이름으로 구별한다. **(1)** 이름을 입력한 다음 **(2)** <생성된 API> 버튼을 누르자. 영문 사이트를 한글화하는 과정에서 몇몇 화면에서 번역 실수가 발견된다. 이 기능 또한 '생성된 API'보다는 'API 생성'이 좀 더 적합할 것 같다. **(3)** 다음으로 인증 창이 뜨는데, 사용법은 로그인할 때와 마찬가지이다.

| 그림 11-6 | **제한사항 수정**

인증키가 정상적으로 발급됐다면 [그림 11-6]같은 화면을 확인할 수 있다. 상단에는 API Key와 Secret Key가 나오는데, 트레이딩 과정에서 두 키를 넣어야만 오픈 API를 사용할 수 있다.

다음으로, 오른쪽 위의 <제한사항 수정> 버튼을 누르면 API 제한사항이 활성화되는데, 여기서는 [선물거래 활성화]에 체크해야 한다. API 제한사항을 이용하면 오픈 API를 통해 사용할 수 있는 기능을 통제할 수 있다.

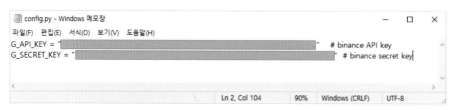

| 그림 11-7 | config.py 파일 생성

인증키를 프로그램에서 사용하고자 C:₩robobytes₩comm 폴더 아래에 config.py 파일을 생성한다. 홈페이지에서 복사한 인증키를 G_API_KEY와 G_SECRET_KEY라는 변수 이름으로 파일에 저장한다. 프로그램에서 인증키를 직접 입력하지 않고 G_API_KEY와 G_SECRET_KEY 변수로 인증키를 불러와서 사용할 수 있다. 인증키를 좀 더 안전하게 관리하는 방법이기도 하다.

03

주문 오픈 API 사용하기

이제 오픈 API 사용을 위한 모든 준비가 끝났다. 본격적으로 오픈 API를 사용해서 바이낸스에서 제공하는 다양한 트레이딩 기능을 간단히 구현해 보자.

```
from binance_f import RequestClient          ── (1) 패키지 불러오기
from binance_f.model.constant import *
import comm.config as conf

g_api_key = conf.G_API_KEY       # binance API key      ── (2) Open API 인증키 설정
g_secret_key = conf.G_SECRET_KEY # binance secret key
coin_name = 'XRPUSDT'

request_client = RequestClient(api_key=g_api_key, secret_key=g_secret_key)   ── (3) RequestClient 클래스 생성
```

| 그림 11-8 | 오픈 API 사용 설정

주피터 노트북으로 binance_future_api.ipynb 파일을 생성한다.

(1) 사용할 패키지를 불러온다. 처음 두 개는 바이낸스에서 제공하는 패키지이고 그 다음 import comm.config as conf 부분이 앞서 생성한 환경 파일 사용을 선 언하는 부분이다. conf라는 이름으로 사용할 수 있도록 설정했다.

(2) 환경 파일에서 API Key와 Secret Key를 가져온다. conf.G_API_KEY와 conf.G_SECRET_KEY와 같이 사용할 수 있다. coin_name은 리플 무기한 선물 상품을 거래하므로 'XRPUSDT'로 설정했다.

(3) 다음으로, RequestClient 클래스를 생성하는데, 인수로 앞에서 가져온 두 개의 인증키를 넣는다. RequestClient 클래스는 서버와 통신하면서 트레이딩에 필요한 오픈 API를 호출하는 기능을 제공한다.

```
result = request_client.change_initial_leverage(symbol=coin_name, leverage=1.0)
print(">>", result.leverage) #1.0을 리턴해야 한다.                    (1)  change_initial_leverage() 함수 사용

====== Request ======
<binance_f.impl.restapirequest.RestApiRequest object at 0x000001DAC50C5C48>
header:{'client SDK Version': 'binance futures-1.0.1-py3.7', 'Content-Type': 'application/json', 'X-MBX-AP
IKEY': '▓▓▓▓▓▓▓▓▓▓▓▓▓▓▓▓▓▓▓▓▓▓▓▓▓▓▓▓'}                            APIKEY: 전송 암호키    (4)
host:https://fapi.binance.com
json_parser:None                                                      (2)  Request: REST API호출
method:POST
post_body:{}
url:/fapi/v1/leverage?symbol=XRPUSDT&leverage=1&recvWindow=60000&timestamp=1625620397669&signature=4bc7951
67819f85dde8eaeac4cef9a46e1d9d8b0af7b76a31e1b30da586286d9            REST 호출 URL    (5)
======================
{"symbol":"XRPUSDT","leverage":1,"maxNotionalValue":"INF"}            (3)  Response: 서버 응답
>> 1.0
```

| 그림 11-9 | 레버리지 설정

이제 레버리지를 설정해 보자. 레버리지는 내가 가진 돈의 몇 배의 상품을 구매할 것인지 결정하는 것이다. 10배의 레버리지를 사용하면 10원을 가지고 100원의 상품을 구매할 수 있다. 수익이 10배가 될 수 있지만, 반대로 손실이 10%일 경우 계좌가 청산될 위험이 있다.

(1) 먼저 해야 할 것은 RequestClient 클래스에서 제공하는 change_initial_leverage( ) 함수를 호출하는 것이다. 함수를 호출할 때는 2개의 인수를 지정해야 하는데, symbol에는 거래할 상품을 지정하고 leverage에는 설정할 레버리지 값을 지정한다. 여기서는 XRPUSDT 상품과 1배의 레버리지를 사용하도록 설정했다.

함수 호출 결과는 파싱하여 Leverage 클래스에 저장하고 마지막으로 result

변수에 저장한다. 예제에서는 Leverage 클래스의 내부 변수 중 leverage를 result.leverage와 같은 방식으로 출력했다.

(2) 로그를 살펴보면 ==== Request ====로 묶은 것이 바이낸스 서버로 보내는 요청이다. 헤더(header) 부분에 (4) X-MBX-APIKEY 변수를 확인할 수 있는데, G_API_KEY와 G_SECRET_KEY로 생성한 값이다. 사용자 인증을 위한 필수 항목이다. 생성 로직은 패키지 내부에 숨겨졌다. 이를 위해 우리가 해야 할 것은 RequestClient 클래스를 생성하는 것이다. (5) url 항목은 PC에서 바이낸스 서버로 보내는 REST 방식의 오픈 API 호출 주소이다.

(3) 마지막 부분은 바이낸스 서버에서 보낸 오픈 API 호출의 응답이다. 화면에서 "symbol", "leverage", "maxNotionalValue" 세 개의 항목을 확인할 수 있는데, 이들은 모두 파싱하여 Leverage 클래스에 저장한다. 앞에서 살펴본 바와 같이 Leverage 클래스를 result 변수로 저장해서 result.leverage와 같이 사용할 수 있다.

| 그림 11-10 | 호가 조회

호가 조회는 RequestClient 클래스의 get_order_book( ) 함수를 사용한다. 이 함수는 2개의 인수를 사용하는데, symbol은 호가를 조회할 상품의 종류이고 limit

은 몇 단계 호가를 조회할지 결정한다. limit가 10이면 매수와 매도 가격이 각각 10
개가 표시된다.

get_order_book( ) 함수의 실행 결과는 OrderBook 클래스에 저장한다. 매수호가
와 매도호가는 각각 ask와 bid 변수에 배열 형태로 저장한다. 배열의 첫 번째 값이
현재가에 가장 가까운 가격이다.

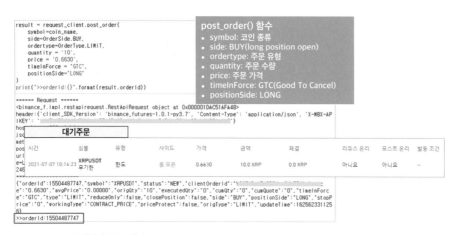

| 그림 11-11 | 지정가 롱 포지션 오픈

이제 지정가로 롱 포지션을 오픈해 보자. 주식에서는 매수 주문에 해당한다.
RequestClient 클래스가 제공하는 post_order( ) 함수를 사용한다. 포지션 오픈
과 클로즈 요청은 모두 이 함수를 사용한다. 함수를 호출할 때 입력하는 인수에 따라
주문 유형이 달라진다.

post_order( ) 함수의 인수로는 다양한 값을 사용하지만, 주로 6개의 값을 많이 사용
한다. symbol은 상품의 종류를 지정한다. side는 매수(BUY)와 매도(SELL)를 지정한다.
롱 포지션을 오픈할 경우 BUY를, 숏 포지션을 오픈할 경우 SELL을 지정한다. 반대로 롱
포지션을 클로즈할 경우 SELL을, 숏 포지션을 클로즈 할 경우 BUY를 지정한다.

order_type에는 주문 유형을 지정하는데, ./binance_f/model/constant.py 파일에
정의한 OrderType 클래스에서 지정할 수 있는 주문 유형을 확인할 수 있다. 지정가

주문은 LIMIT를 사용한다.

quantity에는 주문 수량, price에는 주문 가격, timeInForce에는 주문 유효 시간을 지정하는데, 일반적으로 GTC를 많이 사용한다. positionSide에는 주문하고자 하는 포지션을 지정한다.

지정가 롱 포지션 오픈 주문을 실행하면 바이낸스 선물거래 화면 아래 '대기 주문' 항목에 거래 내역이 생성된다.

함수의 반환값은 주문 아이디(orderId)인데, 이 아이디를 기반으로 주문 상태를 조회할 수도 있고 주문을 취소할 수도 있다.

시장가로 롱 포지션을 오픈하고 싶다면 ordertype에 OrderType.MARKET을 인수로 지정하고 price를 빼면 된다.

| 그림 11-12 | constant.py

./binance_f/model/constant.py 파일에는 다양한 클래스가 정의되어 있다. 자주 사용하는 것은 OrderSide, TimeInForce, OrderType, PositionSide 모두 4개이다. 함수를 호출할 때 인수에 **클래스.변수**와 같은 방식으로 지정해도 되고 변숫값에 해당하는 문자를 직접 넣어도 된다.

필자가 제공하는 예제에서는 혼용에서 사용하고 있지만, 될 수 있으면 하나의 방식으로 통일하는 것이 좋다.

```
result = request_client.post_order(
    symbol=coin_name,
    side=OrderSide.SELL,
    ordertype=OrderType.TAKE_PROFIT,
    quantity = '10',
    price = '0.6665',        #현재가 보다 더 높은 가격
    stopPrice = '0.6656',    #현재가 보다 높은 가격
    positionSide="LONG"
)
print(">>orderId:{}".format(result.orderId))
```

post_order() 함수
- side: SELL(long position close)
- ordertype: TAKE_PROFIT
- price: 이익 실현 가격(현재가 보다 아주 높은 가격)
- stopPrice: TAKE PROFIT 동작 시작 가격(현재가 보다 조금 높은 가격)
- positionSide: LONG

```
====== Request ======
<binance_f.impl.restapirequest.RestApiRequest object at 0x000001DAC50CE54B>
header:{'client_SDK_Version': 'binance_futures-1.0.1-py3.7', 'Content-Type': 'application/json', 'X-MBX-AP
```

대기 주문

시간	심볼	유형	사이드	가격	금액	체결	리듀스 온리	포스트 온리	발동 조건
2021-07-07 10:17:54	XRPUSDT 무기한	이익 실현	롱 클로즈	0.6665	10.0 XRP	0.0 XRP	예	아니요	마지막 체결가 0.6656

```
{"orderId":15504037922,"symbol":"XRPUSDT","status":"NEW","clientOrderId":"...","pric
e":"0.6665","avgPrice":"0.00000","origQty":"10","executedQty":"0","cumQty":"0","cumQuote":"0","timeInForc
e":"GTC","type":"TAKE_PROFIT","reduceOnly":true,"closePosition":false,"side":"SELL","positionSide":"LON
G","stopPrice":"0.6656","workingType":"CONTRACT_PRICE","priceProtect":false,"origType":"TAKE_PROFIT","upda
teTime":1625620674611}
orderId:15504037922
```

| 그림 11-13 | 롱 포지션 이익 실현(long take profit)

이익 실현(take profile) 주문은 수익이 나는 가격이 되면 자동으로 포지션을 클로즈하는 주문이다. 이익 실현 주문에는 가격과 관련한 인수가 두 개인데, price는 포지션을 클로즈할 가격이고 stopPrice는 익절 주문이 들어가는 가격이다. 만약이 0.6에 롱 포지션을 오픈했다고 했을 때 0.65에서 팔아서 이익을 보고 싶다면 price를 0.65 지정하고 현재 가격보다 약간 높은 0.61를 stopPrice로 지정하면 가격이 0.61에 도달했을 때 익절 주문이 자동으로 들어간다.

[그림 11-13]처럼 대기 주문에 든 익절 내역을 확인할 수 있으며 유형은 '이익 실현', 사이드는 '롱 클로즈', 이익 실현 가격은 '0.6665', 발동 조건은 '0.66565'임을 알 수 있다.

스톱 시장가(stop market) 주문은 손실이 일정 금액 이상으로 늘어나면 포지션을 종료해 손실을 최소화하는 주문이다. 인수로 들어가는 price는 스톱 시장가 가격을 지정한다. 매수 가격이 0.6일 때 가격이 0.5로 떨어지면 자동으로 손실을 막고자 스톱 시장가로 주문하고 싶다면 price에 0.5를 지정하면 된다. 가격이 0.5로 떨어지면 자동으로 시장가 롱 클로즈 주문이 들어간다.

[그림 11-14]에서는 대기 주문에 든 손절 주문을 확인할 수 있으며 유형은 '스톱 시

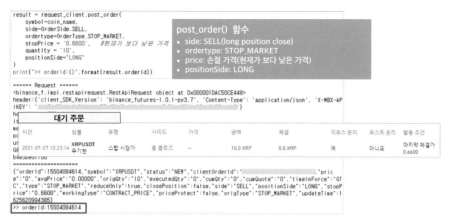

```
result = request_client.post_order(
    symbol=coin_name,
    side=OrderSide.SELL,
    ordertype=OrderType.STOP_MARKET,
    stopPrice = '0.6600',    #현재가 보다 낮은 가격
    quantity = '10',
    positionSide="LONG"
)
print(">> orderId:{}".format(result.orderId))
```

post_order() 함수
- side: SELL(long position close)
- ordertype: STOP_MARKET
- price: 손절 가격(현재가 보다 낮은 가격)
- positionSide: LONG

```
====== Request ======
<binance_f.impl.restapirequest.RestApiRequest object at 0x000001DAC50CE448>
header:{'client_SDK_Version': 'binance_futures-1.0.1-py3.7', 'Content-Type': 'application/json', 'X-MBX-AP
IKEY': '                                                     '}
```

대기 주문

시간	심볼	유형	사이드	가격	금액	체결	리듀스 온리	포스트 온리	발동 조건
2021-07-07 10:23:14	XRPUSDT 무기한	스탑 시장가	롱 클로즈	–	10.0 XRP	0.0 XRP	예	아니요	마지막 체결가 0.6600

```
====================
{"orderId":15504084614,"symbol":"XRPUSDT","status":"NEW","clientOrderId":"              ","pric
e":"0","avgPrice":"0.00000","origQty":"10","executedQty":"0","cumQty":"0","cumQuote":"0","timeInForce":"GT
C","type":"STOP_MARKET","reduceOnly":true,"closePosition":false,"side":"SELL","positionSide":"LONG","stopP
rice":"0.6600","workingType":"CONTRACT_PRICE","priceProtect":false,"origType":"STOP_MARKET","updateTime":1
625620994385)
```

>> orderId:15504084614

| 그림 11-14 | 롱 포지션 스톱 시장가(long stop market)

장가', 사이드는 '롱 클로즈', 발동 조건은 stopPrice에 지정한 '0.6600'임을 알 수 있다.

```
result = request_client.post_order(
    symbol=coin_name,
    side=OrderSide.SELL,
    ordertype=OrderType.MARKET,
    quantity = '10',
    positionSide="LONG"
)
print(">>orderId:{}".format(result.orderId))
```

post_order() 함수
- side: SELL(long position close)
- ordertype: MARKET
- positionSide: LONG

```
====== Request ======
<binance_f.impl.restapirequest.RestApiRequest object at 0x000001DAC50CED88>
header:{'client_SDK_Version': 'binance_futures-1.0.1-py3.7', 'Content-Type': 'application/json', 'X-MBX-AP
IKEY': '                                                     '}
host:https://fapi.binance.com
json_parser:None
method:POST
post_body:{}
url:/fapi/v1/order?symbol=XRPUSDT&side=SELL&type=MARKET&quantity=10&positionSide=LONG&recvWindow=60000&tim
estamp=1625621281227&signature=
====================
{"orderId":15504133355,"symbol":"XRPUSDT","status":"NEW","clientOrderId":"M              ","pric
e":"0","avgPrice":"0.00000","origQty":"10","executedQty":"0","cumQty":"0","cumQuote":"0","timeInForce":"GT
C","type":"MARKET","reduceOnly":true,"closePosition":false,"side":"SELL","positionSide":"LONG","stopPric
e":"0","workingType":"CONTRACT_PRICE","priceProtect":false,"origType":"MARKET","updateTime":1625621280798}
```

>>orderId:15504133355

| 그림 11-15 | 시장가 롱 포지션 클로즈

롱 포지션을 시장가에 클로즈하고 싶다면 side에 OrderSide.SELL, ordertype에 OrderType.MARKET을 지정해주면 된다. 당연히 positionSide에는 "LONG"이 들어간다. 시장가로 포지션을 클로즈하면 수수료와 2배이고 좀 더 낮은 가격에 포지션이 클로즈될 수 있다는 단점이 있지만, 원하는 시점에 포지션이 반드시 클로즈된다

는 장점이 있다.

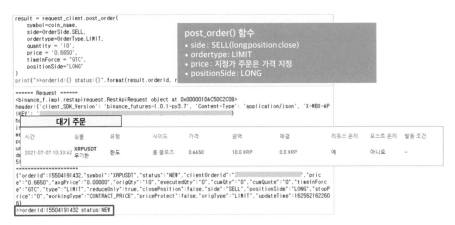

| 그림 11-16 | 지정가 롱 포지션 클로즈

앞에서 시장가로 롱 포지션을 클로즈했다면 이제는 지정가로 롱 포지션을 클로즈해

보자. 시장가 주문과의 차이는 ordertype을 OrderType.LIMIT로 지정하고 포지션

을 클로즈할 가격 price를 지정하는 부분이다.

지정가 주문은 상품 가격이 지정된 가격에 도달해야만 주문 체결되기 때문에 원하

는 시점에 포지션을 클로즈할 수 없다는 단점이 있지만, 수수료를 최소화할 수 있고

지정된 가격으로 포지션을 클로즈할 수 있다는 것이 장점이다.

04 조회와 취소 오픈 API 사용하기

📋 이 절에서 살펴볼 예제

./binance_future_api.ipynb 🔵 jupyter

./binance_f/impl/restapiinvoker.py 🐍

./binance_f/impl/restapirequestimpl.py 🐍

이제부터는 주문 상태를 조회하고 주문을 취소하는 기능을 알아보자. 먼저 알고리즘 구현에 필요한 간단한 정보 조회 기능을 구현해 보자.

| 그림 11-17 | 주문 상태 조회

주문이 체결되면 주문 아이디(orderId)를 확인할 수 있다. 주문 상태 조회는 get_order( ) 함수를 사용하는데, 이 주문 아이디를 이용해서 주문이 현재 어떤 상태인지 확인할 수 있다. 주문은 모두 세 가지 상태로 나타낸다. NEW는 대기 상태로, 바이낸스 거래 화면 아래 대기 주문 항목에서 확인할 수 있다. FILLED는 체결 상태이다. 롱 포지션 오픈 주문이라면 대기 상태에서 사라지고 포지션 상태에 오픈한 포지션 크기만큼 수량이 증가한 것을 확인할 수 있다. CANCELED는 취소 상태이다. 대기 상태에 있는 주문을 다시 취소하면 상태가 CANCELED로 변경된다.

| 그림 11-18 | 주문 취소

주문 취소 기능은 cancel_order( ) 함수로 실행할 수 있는데, 대기(NEW) 상태인 주문만 취소할 수 있다. 대기 상태인 주문을 취소하면 상태가 CANCELED로 변경된다.

| 그림 11-19 | 전체 주문 상태 조회

전체 주문 상태는 get_all_order( ) 함수를 이용하여 조회할 수 있다. 주문 상태는 체결, 미체결, 취소 이렇게 세 가지지만, 알고리즘 트레이딩에서는 취소한 주문에는 관심이 없으므로 주로 미체결(NEW)과 체결(FILLED) 상태인 주문만 필터링해서 조회하게 된다.

조회한 주문 상태는 Order 클래스에 저장하는데, 주문 번호(orderId), 가격, 유형, 포지션 등 다양한 정보를 확인할 수 있어 알고리즘 트레이딩에서 유용하게 사용된다.

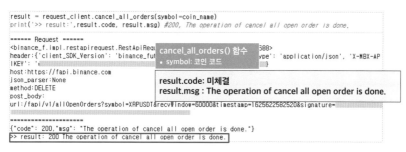

| 그림 11-20 | 전체 주문 취소

전체 주문 취소는 cancel_all_orders( ) 함수로 실행할 수 있다. 엄밀하게 말하면 전체 대기(미체결) 주문 취소 기능이다. 즉, 대기 상태에 있는 주문을 한꺼번에 취소한다. 함수가 정상 실행된다면 결과 코드(code) 200과 The operation of cancel all open order is done. 메시지(msg)를 확인할 수 있다.

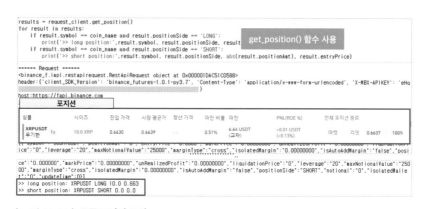

| 그림 11-21 | 오픈 포지션 조회

롱포지션 오픈이나 숏 포지션 오픈 주문이 체결되면 포지션이 오픈된다. 하나의 상품에는 롱 포지션과 숏 포지션 등 최대 2개의 포지션을 오픈할 수 있다. get_position( ) 함수를 사용하면 현재 오픈된 모든 포지션 정보를 조회할 수 있다.

| 그림 11-22 | 잔고 조회

잔고 조회는 get_balance( ) 함수로 구현할 수 있다. 잔고를 조회하면 가진 모든 코인(asset)을 조회할 수 있는데, balance는 전체 잔고를 의미하며 withdrawAvailable은 오픈된 포지션을 제외하고 현재 출금할 수 있는 코인을 알려 준다.

```
def call_sync(request):
    if request.method == "GET":
        response = requests.get(request.host + request.url, headers=request.header)
        limits = get_limits_usage(response)
        json_wrapper = parse_json_from_string(response.text)
        # print(response.text)      총 4개
        check_response(json_wrapper)
        return (request.json_parser(json_wrapper),limits)
```

| 그림 11-23 | 로그 없애기(restapiinvoker.py)

앞에서 살펴본 예제에서 로그를 출력해 보면 자신이 작성한 print( )문 외에 패키지가 자동으로 출력하는 로그를 볼 수 있다. 테스트할 때는 매우 유용하게 사용할 수 있지만, 프로그래밍 과정에서는 불필요한 정보이기 때문에 패키지 파일을 열어 주석 처리를 해야 한다. 먼저 ./binance_f/impl 폴더에 있는 restapiinvoker.py 파일을 열어

보자. 모두 4개의 print( ) 함수를 찾아 모두 주석 처리한다.

| 그림 11-24 | 로그 없애기(restapirequestimpl.py)

같은 폴더에 있는 restapirequestimpl.py 파일을 열어 보자. [그림 11-24]와 같은 주석
6곳 모두를 주석 처리하자. 잔고 조회 기능을 다시 실행하면 이제는 패키지에서 기
본으로 제공하는 로그는 사라지고 직접 코딩한 print( ) 내용만 출력하는 것을 확
인할 수 있다.

패키지를 수정했다면 주피터 노트북 메뉴의 [Kernel] → [Restart] 기능을 한 번 실행
해야 한다. 그러면 수정한 패키지를 메모리로 다시 로딩하므로 프로그램 실행 시에
변경한 내용을 적용한다.

숏 포지션 구현하기

지금까지 롱 포지션을 중심으로 어떻게 오픈 API를 사용하는지 알아봤다. 그럼 숏 포지션은 어떻게 구현하는지 궁금할 것이다. 몇 가지 옵션만 조절하면 숏 포지션도 롱 포지션과 같은 방법으로 구현할 수 있다.

	Open Position	Close Position
LONG	side = "BUY"	side = "SELL"
	positionSide = "LONG"	positionSide = "LONG"
SHORT	side = "SELL"	side = "BUY"
	positionSide = "SHORT"	positionSide = "SHORT"

| 그림 11-25 | 숏 포지션과 롱포지션 차이

포지션 오픈, 포지션 클로즈, 이익 실현, 스톱 시장가 주문 모두 롱 포지션과 숏 포지션이 같은 함수를 사용하고 사용법 역시 비슷하다. 두 가지 인수만 잘 조절하면 되는데, 하나는 side이고 또 하나는 positionSide이다.

롱 포지션을 오픈할 때는 side에 OrderSide.BUY를 입력했고, 클로즈할 때는 OrderSide.SELL을 입력했다. 당연히 positionSide에는 모두 "LONG"이 들어갔다.

숏 포지션은 롱 포지션과 반대로 생각하면 된다. 숏 포지션을 오픈할 때는 side에 OrderSide.SELL을 입력하고 클로즈할 때는 side에 OrderSide.BUY를 넣는다. positionSide에는 "SHORT"를 입력하면 된다.

함수와 다른 모든 인수는 마찬가지이므로 숏 포지션 기능을 별도의 코드로 설명하지는 않겠다.

이제 오픈 API 기본 사용법을 익혔으므로 다음 장에서는 이를 좀 더 편리하게 사용할 수 있도록 공통 함수로 만드는 방법과 오픈 API를 활용해서 트레이딩 전략을 어떻게 구현하는지 알아보도록 하겠다.

ALGORITHM
TRADING

상품을 거래하는 분야에는 다양한 알고리즘 트레이딩 기법이 있다. 하지만, 대부분 기법은 두 부류로 나눌 수 있다. 하나는 **추세 추종 전략**(trend following strategy)이고 다른 하나는 **역추세 전략**(counter trend strategy)이다.

추세 추종 전략은 말 그대로 추세를 따라가는 것이다. 상승추세일 때는 롱 포지션을 오픈하고 하락추세일 때는 숏 포지션을 오픈한다. 현재 추세가 전환점이 오지 않는 한 당분간 지속한다는 논리에 바탕을 둔 것이다.

반대로 역추세 전략은 추세와는 반대의 흐름으로 매매한다. 상승추세일 때 숏 포지션을 오픈하고 하락추세일 때 롱 포지션을 오픈한다. 정상이라면 상승추세에서 롱 포지션을 오픈해야 하지만, 역추세 전략에서는 상승한 자산은 반드시 일정 부분 하락한다는 논리에 바탕을 둔다.

거래 전략을 알고리즘으로 구현할 때 중요한 것은 현재 상승추세인지 아니면 하락추세인지를 어떻게 판단하느냐이다. 여기에서 필요한 것이 기술적 분석 지표이다. 이동평균, RSI, StochRSI, MACD, VWAP 등 다양한 지표가 있지만, 어떤 시점에 어떤 지표를 어떻게 활용해야 할지는 신중하게 결정해야 한다.

이번 장에서는 추세 추종 전략과 역추세 전략의 개념에 대해 알아보고 두 전략을 알고리즘으로 구현해서 수익을 낼 수 있는지에 대한 백테스트를 해보도록 하겠다.

## 12 장

거래 전략과
백테스트

추세 추종 전략 이해하기

앞서 언급했듯이 추세 추종 전략은 상승추세에 롱 포지션을 오픈하고 하락추세에 숏 포지션을 오픈하는 매매 기법이다. 자산 가격이 오를 때는 한없이 오를 것 같고 내릴 때는 바닥을 모르게 떨어질 것 같은 것이 사람의 심리이다. 이런 관점에서 추세 추종 전략이 역추세 전략보다 투자자에게 심리적 안정감을 준다.

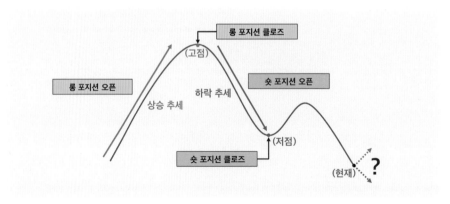

| 그림 12-1 | 추세 추종 전략

추세 추종 전략을 그림으로 표현하면 [그림 12-1]과 같다. 상승추세일 때 오픈한 롱 포지션을 고점에서 클로즈하고 하락추세일 대 오픈한 숏 포지션을 저점에서 클로즈 하는 것이 가장 이상적인 매매 패턴이다. 하지만, 이 그림은 과거 데이터를 표현한

것이기 때문에 어디에서 포지션을 오픈하고 클로즈할지 알 수 있지만, 현재 시점에서는 다음에 가격이 오를지 내릴지 아무도 알 수 없다.

이 시점에 필요한 것이 기술적 분석 지표를 활용해서 과거 데이터가 만든 패턴을 이용하여 현 시점의 상황을 판단하는 것이다. 앞에서 다양한 기술 지표를 알아보고 프로그램으로 구현했지만, 이 책에서는 가중이동평균만을 이용해서 추세 추종 전략을 구현해 보도록 하겠다.

| 그림 12-2 | 가중이동평균으로 구현한 추세 추종 전략

가중이동평균을 이용해서 추세 추종 전략을 구현해 보자. 하락추세를 판단하는 기준은 WMA7 < WMA25 < WMA99로 정했다. 가중이동평균 산정 기간은 바이낸스에서 기본적으로 제공하는 기간을 사용했다.

(1) 조건을 만족하는 시점에서 숏 포지션을 오픈하기 시작한다. 분 단위로 포지션을 종가 기준으로 계속 오픈하다가 (2) WMA7 > WMA25 지점에서 포지션을 종료한다. 추세 추종 전략은 구현하는 방식에 따라 많은 지표와 알고리즘을 사용할 수 있지만 쉽게 이해할 수 있도록 가중이동평균만을 이용해서 단순하게 구현했다.

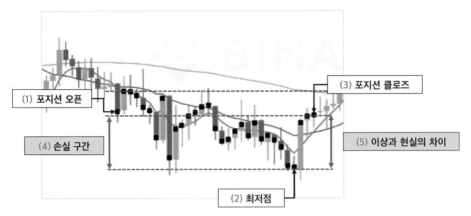

| 그림 12-3 | 가중이동평균의 위험성

(1) 조건에 맞는 지점에서 숏 포지션 오픈을 시작했고 (2) 지점에서 가장 낮은 가격을 형성했다. 현재 시점에서 이 지점에 가장 낮은 가격인지 판단하기 어려우므로 WMA7 > WMA25가 되는 (3) 지점에서 포지션을 클로즈했다.

숏 포지션은 오픈한 가격보다 클로즈한 가격이 낮아야 이익을 얻을 수 있다. [그림 12-3]에서 포지션을 오픈하기 시작한 가격과 포지션을 클로즈한 가격을 살펴보면 (4) 구간에 있는 지점들이 포지션을 오픈한 가격보다 클로즈한 가격이 높은 것을 확인할 수 있다.

그래프를 개략적으로 살펴보면 오픈 시작 가격이 포지션 클로즈 가격보다 높으므로 이익을 얻으리라 생각하기 쉽지만, 분별로 종가를 점으로 찍어보면 오히려 포지션 클로즈 가격보다 낮은 가격이 많다는 것을 알 수 있다. 이번 거래에서는 손실이 낮을 확률이 높다.

추세 추종 전략의 가장 이상적인 결말은 (2) 최저점에서 포지션을 클로즈하는 것이나 이 부분을 정확하게 알 수 없으므로 지표로 추정할 수 있는 (3) 지점에서 포지션을 클로즈할 수밖에 없다. (5) 이상과 현실이 차이 때문에 추세 추종 전략은 손실 가능성이 크다.

포지션 오픈

포지션 클로즈

할인율 고려한
오픈 수량

| 그림 12-4 | 할인율 적용

손실 가능성을 줄이기 위한 대표적인 방법은 오픈할 수량에 할인율을 적용하는 것이다. 처음에는 많은 수의 포지션을 오픈하고 시간이 지날수록 적은 수의 포지션을 오픈한다. 그러면 앞에서 살펴본 위험을 상당 부분 줄일 수 있다.

02

추세 추종 전략 백테스트

📋 이 절에서 살펴볼 예제

./trading_trend_backtest.ipynb 💭 **jupyter**

백테스트(backtest)란 알고리즘을 프로그래밍해서 실전에 투입하기 전에 과거 데이터를 기반으로 모의 트레이딩 하면서 효과성을 검증하는 절차이다. 백테스트에서 수익이 났다고 해서 실전에서도 반드시 수익이 나지는 않는다. 1분 데이터를 가지고 백테스트 한다고 할 때 실전에서는 백테스트처럼 정확히 종가(close)로 매매를 체결할 수 없기 때문이다.

롱 포지션 오픈	• 조건 1: w7 > w25 > w99
	• 조건 2: 롱 포지션 최대 4개 오픈
	• 조건 3: 단계별 25% 오픈 수량 감소
롱 포지션 클로즈	• 조건 1: 롱 포지션 오픈 중일 때
	• 조건 2: w7 < w25

| 그림 12-5 | 알고리즘 개요

아주 간단한 알고리즘을 사용해서 추세 추종 전략을 구현해 보자. 롱 포지션을 오픈

할 때의 조건은 모두 세 개가 있는데, 첫 번째 w7(7분 가중이동평균)이 w25(25분 가중이동평균) 보다 커야 하고 w25가 w99(99분 가중이동평균)보다 커야 한다.

두 번째 조건은 롱 포지션은 최대 4개까지 오픈할 수 있다는 것이다. 추세 추종 전략에서는 가격이 오르는 상황에서 롱 포지션을 오픈하기 때문에 나중에 오픈한 포지션은 가격이 높아 아주 작은 수익을 내거나 오히려 손실을 초래할 수 있다. 따라서 오픈할 수 있는 포지션의 개수를 제한하면 이러한 위험을 최소화할 수 있다.

마지막으로 세 번째 조건은 단계별로 오픈하는 포지션 수량을 25%씩 감소시키는 것이다. 롱포지션의 경우 처음에 오픈하는 경우 가장 낮은 가격이기 때문에 가장 많은 수를 오픈하는 것이 좋고 나중에 오픈할수록 그 수를 줄이는 것이 좋다.

이제 오픈한 포지션을 클로즈해 보자. 모두 두 가지 조건이 있는데, 하나는 롱 포지션을 오픈하는 중일 때만 롱 포지션을 클로즈하는 것이다. 이는 롱 포지션과 숏포지션의 오픈과 클로즈를 차례대로 진행하고자 만든 조건이다. 자산 가격이 상승할 때는 롱 포지션만 오픈해야하고 자산 가격이 하락으로 반전하는 경우 롱 포지션을 클로즈하고 숏 포지션에 대한 오픈을 시작한다.

두 번째 롱 포지션 클로즈 조건은 w7 < w25일 때이다. w99까지 비교한 다음 포지션을 클로즈하면 가격이 너무 하락한 시점에 포지션을 클로즈하기 때문에 손실이 발생할 수 있다. 따라서 추세 전환을 빨리 반영하고자 두 개의 가중이동평균 조건만을 사용했다.

🔍 추세 추종 전략 전체 코드: trading_trend_backtest.ipynb

```python
import pandas as pd
import numpy as np

# 테스트 파일 로딩
df_org = pd.read_csv('./data/XRPUSDT_index.csv')
print(df_org.shape)
print(df_org.columns)
```

```python
# 변수 선언
open_long_cnt = 0
open_long_price = 0
open_long_amt = 0
open_short_cnt = 0
open_short_price = 0
open_short_amt = 0
momentum = ''
revenue = 0
revenue_t = 0


# 테스트 데이터 선택 100, 1440, 14400, 144000, 전체
df = df_org.iloc[df_org.shape[0]-100:,]
for i in range(0, df.shape[0]-1):

    close2 = round(df.iloc[i+1:i+2,]['c'].values[0],4) # 다음 분 종가: 매매 기준 가격
    w7 = round(df.iloc[i:i+1,]['wma7'].values[0],4)
    w25 = round(df.iloc[i:i+1,]['wma25'].values[0],4)
    w99 = round(df.iloc[i:i+1,]['wma99'].values[0],4)

    # close long position
    if momentum == 'long' and open_long_cnt > 0 and w7 < w25:
        revenue_t = close2*open_long_amt - open_long_price
        revenue = revenue + revenue_t
        open_long_cnt = 0
        open_long_amt = 0
        open_long_price = 0
        momentum = ''
        continue

    # close short position
    if momentum == 'short' and open_short_cnt > 0 and w7 > w25:
        revenue_t = open_short_price - close2*open_short_amt
```

```
            revenue = revenue + revenue_t
            open_short_cnt = 0
            open_short_amt = 0
            open_short_price = 0
            momentum = ''
            continue


    # open long position
    if momentum != 'short' and open_long_cnt < 4 and w7 > w25 and w25 > w99:
        open_long_amt = round(open_long_amt + (1-open_long_cnt*0.25),4)
        open_long_price = round(open_long_price + close2*(1-open_long_cnt*0.25),4)
        open_long_cnt = open_long_cnt + 1
        momentum = 'long'


    # open short position
    if momentum != 'long' and open_short_cnt < 4 and w7 < w25 and w25 < w99:
        open_short_amt = round(open_short_amt + (1-open_short_cnt*0.25),4)
        open_short_price = round(open_short_price + close2*(1-open_short_cnt*0.25),4)
        open_short_cnt = open_short_cnt + 1
        momentum = 'short'


    # monitoring log
    print("c:{} w7:{} w25:{} w99:{} olc:{} ola:{} olp:{} osc:{} osa:{} osp:{}
revenue:{}"
          .format(close2, w7, w25, w99, open_long_cnt, open_long_amt, open_long_price,
                  open_short_cnt, open_short_amt, open_short_price, revenue))


# print total revenue
print(revenue)
```

추세 추종 전략 알고리즘을 구현한 전체 코드는 이와 같다. 주피터 노트북으로 코딩할 때는 데이터를 로딩하는 부분을 별도의 셀에 코딩하는 것이 좋다. 여기서는 전체 코드를 보이고자 하나의 셀에 모든 코드를 모았다.

이제 코드를 하나씩 살펴보면서 trading_trend_backtest.ipynb 코드가 어떻게 동작하는지 알아보자.

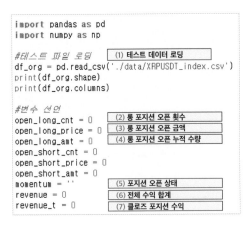

```
import pandas as pd
import numpy as np

#테스트 파일 로딩          (1) 테스트 데이터 로딩
df_org = pd.read_csv('./data/XRPUSDT_index.csv')
print(df_org.shape)
print(df_org.columns)

#변수 선언
open_long_cnt = 0        (2) 롱 포지션 오픈 횟수
open_long_price = 0      (3) 롱 포지션 오픈 금액
open_long_amt = 0        (4) 롱 포지션 오픈 누적 수량
open_short_cnt = 0
open_short_price = 0
open_short_amt = 0
momentum = ''            (5) 포지션 오픈 상태
revenue = 0              (6) 전체 수익 합계
revenue_t = 0            (7) 클로즈 포지션 수익
```

| 그림 12-6 | 파일 로딩 및 변수 선언

(1) 가장 먼저 해야 할 일은 테스트 데이터가 저장된 파일을 로딩하는 것이다. 파일을 로딩해서 **df_org** 변수에 저장한다.

다음으로, 프로그램에 필요한 변수를 선언해야 하는데, 이 프로그램에서는 모두 9개의 변수를 사용한다.

(2) open_long_cnt는 롱 포지션을 오픈한 횟수를 저장한다.

(3) open_long_price는 오픈한 롱 포지션의 전체 금액을 저장한다.

(4) open_long_amt는 오픈된 롱 포지션 전체 수량을 저장한다. 숏 포지션에서는 롱 포지션 변수의 long 부분만 바꾸면 된다.

(5) momentum 변수는 포지션 오픈 상태를 저장한다. 롱 포지션을 오픈하는 시점에 momentum 변수에 "long"이 저장되며, momentum이 "long"일 때는 숏 포지션 오픈 조건이 되더라도 숏 포지션을 오픈할 수 없다. momentum 변수는 포지션이 클로즈될 때 초기화된다.

(6) revenue 변수는 전체 수익에 대한 합계를 저장한다. 포지션을 클로즈할 때 개별 수입을 집계해서 revenue 변수에 든 값에 합산한다.

(7) revenue_t 변수는 포지션을 클로즈할 당시 수익을 계산해서 저장한다.

```
df = df_org.iloc[df_org.shape[0]-100:,]        (1) 테스트 데이터 건수 설정

for i in range(0, df.shape[0]-1):              (2) 반복 설정

    close2 = round(df.iloc[i+1:i+2,]['c'].values[0],4)       (3) 현재 타임 스텝의 종가
    w7 = round(df.iloc[i:i+1,]['wma7'].values[0],4)
    w25 = round(df.iloc[i:i+1,]['wma25'].values[0],4)        (4) 이전 타임 스텝의 이동평균
    w99 = round(df.iloc[i:i+1,]['wma99'].values[0],4)
```

포지션 오픈 & 클로즈

| 그림 12-7 | 반복 설정 및 지표 가져오기

테스트 데이터는 df_org 변수에 저장했다. 여기서 수집한 테스트 데이터는 16만 건이 넘기 때문에 백테스트에 시간이 오래 걸린다. 따라서 우선 최신 데이터 100건만 가져와서 빠르게 테스트해 보자.

코드 설명에 들어가기에 앞서 다소 혼란스러울 수 있는 용어를 간단히 짚고 넘어가자. 타임스탬프는 시간을 숫자로 나타낸 값이고, 타임 스텝은 프로그램에서 다루고 있는 시간의 단위이다. 테스트 데이터를 열어보면 맨 앞에 나오는 컬럼이 바로 타임 스탬프이다. 1614391380000와 같은 형식이다. 그리고 본 서에서는 분 단위 데이터를 다루기 때문에 타임 스텝은 21분, 22분과 같이 분을 나타낸다.

(1) 데이터 프레임에서 제공하는 iloc( ) 함수를 사용해서 최근 데이터 100건만 잘라낸다.

(2) 전체 데이터는 100건이지만 테스트는 99회 반복한다. 이전 타임 스텝 데이터로 추세를 확인하고 현재 타임 스텝 종가로 포지션을 오픈하고 클로즈해야 현실과 더 가까우므로 반복문을 99번만 사용한다.

(3) `iloc( )` 함수에서 i+1 데이터를 가져오는 것은 추세를 확인하고자 사용하는 이동평균 데이터보다 한 타임 스텝 뒤의 데이터를 가져오기 위한 것이다.

(4) 현재 타임 스텝의 이동평균 데이터를 가져온다. 여기에서 round( ) 함수를 사용해서 반올림하는 것은 모니터링 로그를 찍을 때 숫자가 너무 길게 나오는 것을 방지하기 위해서이다.

```
#close long position
if momentum == 'long' and open_long_cnt > 0 and w7 < w25:
    revenue_t = close2*open_long_amt - open_long_price
    revenue = revenue + revenue_t
    open_long_cnt = 0
    open_long_amt = 0
    open_long_price = 0
    momentum = ''
    continue

#close short position
if momentum == 'short' and open_short_cnt > 0 and w7 > w25:
    revenue_t = open_short_price - close2*open_short_amt
    revenue = revenue + revenue_t
    open_short_cnt = 0
    open_short_amt = 0
    open_short_price = 0
    momentum = ''
    continue
```

(1) 롱 포지션 클로즈 조건 설정
(2) 현재 수익 계산
(3) 전체 수익 계산
(4) 변수 초기화
(5) 다음 데이터 체크

| 그림 12-8 | 포지션 클로즈

논리적으로 먼저 포지션을 오픈하고 그 다음에 포지션을 클로즈할 수 있다. 하지만, 프로그램에서는 포지션 클로즈 코드가 먼저 나온다. 이는 이전 타임 스텝에서 오픈한 포지션에 대한 처리를 먼저 해야 하기 때문이다.

(1) 롱 포지션을 클로즈하는 조건을 지정한다. 지금이 상승추세(momentum이 "long")이고 오픈한 롱 포지션이 있으며 7분 가중이동평균(w7)이 25분 가중이동평균(w25)보다 작아야 한다. 한 마디로 하락추세로 전환되면 롱 포지션을 클로즈하는 것이다.

(2) 포지션을 클로즈했을 때 얻을 수 있는 수익을 계산한다. open_long_amt 변수에는 오픈된 전체 롱 포지션 수량이 저장되어 있고 close2 변수에는 현재 시점

의 자산의 종가가 저장된다. 두 변수를 곱하면 오픈된 포지션의 현재 가치를 구할 수 있다. open_long_price 변수에는 포지션을 오픈했을 당시 지출한 비용이 저장된다. 따라서 현재 오픈된 포지션 가치에서 open_long_price을 빼면 현재 오픈된 포지션을 클로즈했을 때 얻을 수익을 계산할 수 있다.

(3) revenue 변수에는 이전에 포지션을 종료했을 때 얻은 모든 수익을 저장한다. 따라서 현재 포지션을 종료했을 때 얻어지는 수익을 더해주면 전체 수익을 계산할 수 있다.

(4) 이제 포지션이 종료되고 수익을 계산했으면 변수를 초기화한다. 포지션이 종료됐으므로 처음부터 다시 시작하는 것이다.

```
#open long position
if momentum != 'short' and open_long_cnt < 4 and w7 > w25 and w25 > w99:
    open_long_amt = round(open_long_amt + (1-open_long_cnt*0.25),4)
    open_long_price = round(open_long_price + close2*(1-open_long_cnt*0.25),4)
    open_long_cnt = open_long_cnt + 1
    momentum = 'long'

#open short position
if momentum != 'long' and open_short_cnt < 4 and w7 < w25 and w25 < w99:
    open_short_amt = round(open_short_amt + (1-open_short_cnt*0.25),4)
    open_short_price = round(open_short_price + close2*(1-open_short_cnt*0.25),4)
    open_short_cnt = open_short_cnt + 1
    momentum = 'short'
```

(1) 롱 포지션 오픈 조건 설정
(2) 롱 포지션 오픈 수량 계산
(3) 롱 포지션 오픈 금액 계산
(4) 롱 포지션 오픈 횟수 계산
(5) 포지션 오픈 상태 설정

백테스트 : 1회 1코인 오픈

| 그림 12-9 | 포지션 오픈

이제 포지션 오픈 코드를 살펴보자.

(1) 먼저 롱 포지션 오픈 첫 번째 조건은 momentum이 "short" 상태가 아닐 때이다. 숏 포지션을 오픈하고 있는 상태에서는 롱 포지션을 오픈할 수 없다는 의미이다. 두 번째는 롱 포지션 오픈 횟수가 4회보다 작아야 한다는 것이다. 0부터 시작하니까 모두 4개의 롱 포지션을 오픈할 수 있다는 의미이다. 마지막 조건은 가중 이동평균 값을 비교하는 것이다. 조건이 w7 > w25 > w99일 때 롱 포지션을 오

픈할 수 있다.

(2) 다음으로 롱 포지션 오픈 수량을 계산하는데, 추세 추종 전략 백테스트에서는 프로그래밍 편의를 위해 1회 오픈할 때 1 코인만 오픈한다. 오픈 횟수가 오픈하는 코인의 수량이 되는데 오픈 횟수가 증가할수록 오픈 수량을 25% 감소시키는 것이 알고리즘이기 때문에 0.25를 곱해준다.

(3) 롱 포지션 오픈 전체 금액을 계산하는데, 이 값은 나중에 수익률을 계산할 때 사용한다. 오픈 금액은 종가(다음 타임 스텝)에 오픈 수량을 곱해서 계산할 수 있다. 이때도 수량이 25%씩 감소하기 때문에 이 부분을 코딩에 넣는다.

(4) 롱 포지션 오픈 횟수를 계산하는데, 단순히 1씩 증가하면 된다.

(5) 마지막으로 포지션 오픈 상태를 설정하는데, 롱 포지션이라면 "long" 문자열을 저장한다.

```
#monitoring log
print("c:{} w7:{} w25:{} w99:{} olc:{} ola:{} olp:{} osc:{} osa:{} osp:{} revenue:{:0.4f}"
        .format(close2, w7, w25, w99, open_long_cnt, open_long_amt, open_long_price,
                open_short_cnt, open_short_amt, open_short_price, revenue))

c:0.6385 w7:0.638 w25:0.6362 w99:0.6455 olc:0 ola:0 olp:0 osc:0 osa:0 osp:0 revenue:0.0121
c:0.638 w7:0.6384 w25:0.6363 w99:0.6453 olc:0 ola:0 olp:0 osc:0 osa:0 osp:0 revenue:0.0121
c:0.64 w7:0.6385 w25:0.6364 w99:0.6451 olc:0 ola:0 olp:0 osc:0 osa:0 osp:0 revenue:0.0121
c:0.6421 w7:0.639 w25:0.6367 w99:0.645 olc:0 ola:0 olp:0 osc:0 osa:0 osp:0 revenue:0.0121
c:0.6425 w7:0.6399 w25:0.6371 w99:0.6449 olc:0 ola:0 olp:0 osc:0 osa:0 osp:0 revenue:0.0121
c:0.643 w7:0.6406 w25:0.6376 w99:0.6448 olc:0 ola:0 olp:0 osc:0 osa:0 osp:0 revenue:0.0121
c:0.6416 w7:0.6413 w25:0.6381 w99:0.6447 olc:0 ola:0 olp:0 osc:0 osa:0 osp:0 revenue:0.0121
c:0.6419 w7:0.6416 w25:0.6385 w99:0.6446 olc:0 ola:0 olp:0 osc:0 osa:0 osp:0 revenue:0.0121
c:0.6424 w7:0.6419 w25:0.6388 w99:0.6444 olc:0 ola:0 olp:0 osc:0 osa:0 osp:0 revenue:0.0121
c:0.6432 w7:0.6421 w25:0.6392 w99:0.6443 olc:0 ola:0 olp:0 osc:0 osa:0 osp:0 revenue:0.0121
c:0.6421 w7:0.6425 w25:0.6397 w99:0.6443 olc:0 ola:0 olp:0 osc:0 osa:0 osp:0 revenue:0.0121
c:0.6442 w7:0.6424 w25:0.64 w99:0.6442 olc:0 ola:0 olp:0 osc:0 osa:0 osp:0 revenue:0.0121
c:0.6417 w7:0.6428 w25:0.6404 w99:0.6441 olc:0 ola:0 olp:0 osc:0 osa:0 osp:0 revenue:0.0121
```

| 그림 12-10 | 모니터링 로그

테스트가 정상인지 확인하는 가장 좋은 방법은 로그를 남기는 것이다. print( ) 함수로 로그를 남겨 테스트 상황을 모니터링 해보자.

100분	-0.0012499999999999734
1,440분(1일)	0.1930750000000001
14,400분(10일)	0.487375000000002
144,000분(100일)	-0.3926000000000085

| 그림 12-11 | 단계별 테스트

100분 데이터를 가지고 알고리즘이 정상 동작하는지 확인했다면 테스트 데이터의 양을 늘려 장기적으로 알고리즘이 유효한지 살펴봐야 한다. 테스트는 1,440분(1일), 14,400분(10일), 144,000분(100일) 동안 진행했는데, 1일과 10일 동안은 수익이 났지만 100일 데이터에서는 손실이 발생했다. 따라서 지금까지 만든 추세 추종 전략 알고리즘은 좀 더 튜닝이 필요하다는 것을 알 수 있다.

역추세 전략 이해하기

역추세 전략은 추세 추종 전략과는 반대로 가격이 상승할 때 숏 포지션을 오픈하고 가격이 하락할 때 롱 포지션을 오픈한다. 가격이 상승할 때 숏 포지션을 오픈한다면 높은 가격에 포지션을 오픈할 수 있고, 가격이 다시 최저점으로 내려왔을 때 포지션을 클로즈해서 수익을 최대화할 수 있다는 이론을 바탕으로 한다.

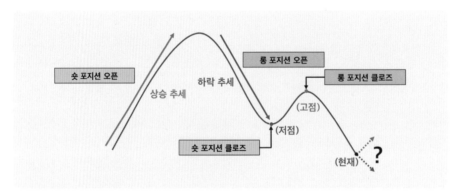

| 그림 12-12 | 역추세 전략

[그림 12-12]에서 보면 상승추세일 때 숏 포지션을 오픈하고 추세 추종 전략과는 다르게 추세가 전환됐을 때 바로 포지션을 클로즈하지 않고 하락추세의 끝을 찾아서 저점에서 숏 포지션을 클로즈해야 한다.

상승추세가 끝나고 하락추세가 시작된 후 다시 하락추세가 끝날 때 포지션을 클로즈하는 알고리즘을 코드로 구현하는 것은 꽤 복잡한 작업이다. 또한, 정확하게 저점을 찾아내는 것 역시 어려운 작업이다. 역추세 전략에서는 다음 추세의 저점이나 고점을 찾아 포지션을 클로즈하기 보다는 이익 실현(take profit) 기능을 활용하는 것이 훨씬 쉽다.

| 그림 12-13 | **VWAP 활용하기**

역추세 전략에서는 포지션 오픈 타임은 알고리즘을 활용해서 직접 찾아야 한다. 이 책에서는 VWAP를 활용해 보도록 하겠다. 어떤 지표를 어떻게 활용하는지 딱히 정해진 것은 없다. 여러 지표를 다양하게 활용하면서 자신만의 방법론을 찾는 것이 중요하다.

(1) 영역에서 자산의 가격이 VWAP 선 위에 있는 것을 확인할 수 있다. **(2)** 이제 숏 포지션을 오픈한다. 이 책에서는 최대 10개의 포지션을 오픈할 수 있도록 설정했다. 너무 많은 포지션을 오픈한다면 가격이 예상을 빗나갔을 때 손실이 눈덩이처럼 불어날 수도 있고, 포지션을 유지하려면 잔고가 많아야 하기 때문이다. 포지션을 오픈했으면 1% 수익이 발생하면 자동으로 포지션을 클로즈 하도록 이익 실현(take profit) 주문을 넣는다. **(3)** 지점쯤 수익이 실현되고 포지션이 종료될 것이다.

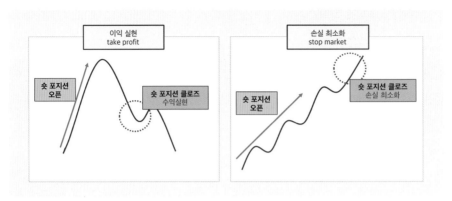

| 그림 12-14 | 손실 최소화 주문의 필요성

이익 실현은 앞서 살펴본 바와 같다. 자산 가격이 상승할 때(가격이 VWAP보다 높을 때) 숏 포지션을 오픈하고 오픈한 포지션에 대해 이익 실현 주문을 넣는다. 그러면 자산 가격이 하락했을 때 자동으로 포지션이 클로즈된다.

그런데 문제가 있다. 자산 가격이 상승할 때 숏 포지션을 오픈했는데, 자산 가격이 조금 떨어지다가 계속 상승할 수 있다. 그러면 손실이 누적되어 잔고 이상의 손실이 발생하면 계좌가 청산될 수 있다. 이런 문제를 예방하고자 일정 금액 이상의 손실이 발생했을 때 포지션을 클로즈하는 손실 최소화 주문(stop market)을 넣어야 한다.

역추세 전략 백테스트

앞에서 살펴본 내용을 프로그램으로 구현하기 전에 간단히 정리해 보자.

숏 포지션 오픈	• 조건 1: close > VWAP
	• 조건 2: 단계별 오픈 수량 25 % 증가
	• 조건 3: 숏 포지션 오픈 최대 7 건
숏 포지션 클로즈	• 조건 1: 수익률 1.1 % 일 때 take profit
	• 조건 2: 손실이 최대 구매 금액의 18 % 이상일 때 stop loss

| 그림 12-15 | 역추세 알고리즘 개요

숏 포지션을 오픈하는 것은 자산 가격(종가, close)이 VWAP 지표보다 큰 경우이다. 그리고 타임 스텝별로 단위 오픈 수량을 25% 증가한다. 숏 포지션은 높은 가격에 오픈해서 낮은 가격에 클로즈할 때 이익을 얻을 수 있으므로 자산 가격이 상승하는 시점에서는 다음 타임 스텝에서 더 많은 포지션을 오픈하는 것이 유리하기 때문이다. 그

리고 최대로 오픈할 수 있는 건수는 7로 제한한다.

숏 포지션을 클로즈는 두 가지 경우에 가능하다. 하나는 수익이 1.1% 날 때 이익 실현(take profit)을 하거나 손실이 최대 구매 금액의 18% 이상일 때 손실 최소화(stop market)하는 것이다.

위에 열거한 모든 숫자는 튜닝을 통해 조정할 수 있다.

🔍 역추세 전략 전체 코드: trading_counter_backtest.ipynb

```python
import datetime
import pandas as pd
import numpy as np

# 테스트 파일 로딩
df_org = pd.read_csv('./data/XRPUSDT_index.csv')
print(df_org.shape)
print(df_org.columns)

# 타임스탬프 시간 변환
def get_time_hhmmss(mili_time):
    mili_time = float(mili_time)/1000
    KST = datetime.timezone(datetime.timedelta(hours=9))
    dt = datetime.datetime.fromtimestamp(mili_time, tz=KST)
    timeline = str(dt.strftime('%D %H:%M:%S'))
    return timeline

# 단계별 구매 수량
def get_open_amt_list(open_amt_unit, open_cnt_limit, increace_rate):
    open_amt = 0
    open_amt_list = [0.0]
    for idx in range(0, open_cnt_limit):
        temp_amt = open_amt_unit + open_amt * increace_rate
        open_amt = round(open_amt + temp_amt, 4)
        open_amt_list.append(open_amt)
    return open_amt_list
```

```
# 손실 최소화 실현 금액 계산
def get_max_loss(close, open_amt_unit, open_cnt_limit, increace_rate, max_loss_rate):
    open_amt = 0
    open_price = 0
    for idx in range(0, open_cnt_limit):
        temp_amt = open_amt_unit + open_amt * increace_rate
        open_price = round(open_price + close * temp_amt, 4)
        open_amt = round(open_amt + temp_amt, 4)
    return round(open_price * max_loss_rate, 4)


revenue_rate = 0.011   # 익절 비율
max_loss_rate = 0.18 # 손절 비율: 20%
increace_rate = 0.25
open_cnt_limit = 7     # 최대 오픈 건수
open_amt_unit = 9      # 최소 오픈 수량
close = 0.6
open_amt_list = get_open_amt_list(open_amt_unit, open_cnt_limit, increace_rate)
max_loss = get_max_loss(close, open_amt_unit, open_cnt_limit, increace_rate, max_loss_
rate)
print("*open_amt_list:{} max_loss:{}".format(open_amt_list, max_loss))


open_long_cnt = 0
open_long_price = 0
open_long_amt = 0
open_short_cnt = 0
open_short_price = 0
open_short_amt = 0
revenue = 0
revenue_t = 0
df = df_org.iloc[df_org.shape[0]-1440:,]
# df = df_org
for i in range(0, df.shape[0]-1):

    close1 = round(df.iloc[i:i+1,]['c'].values[0],4)
```

```python
close2 = round(df.iloc[i+1:i+2,]['c'].values[0],4)
vwap = round(df.iloc[i:i+1,]['vwap'].values[0],4)
t = round(df.iloc[i+1:i+2,]['t'].values[0],4)


# long position stop loss
long_loss = open_long_price - close2*open_long_amt
if long_loss > max_loss:
    revenue_t = close2*open_long_amt - open_long_price
    revenue = round(revenue + revenue_t,4)
    print("*[{}] time:{} long stop loss:{} revenue:{} "
          .format(i, get_time_hhmmss(t), revenue_t, revenue))
    open_long_cnt = 0
    open_long_amt = 0
    open_long_price = 0
    continue


# short position stop loss
short_loss = close2*open_short_amt - open_short_price
if short_loss > max_loss:
    revenue_t = open_short_price - close2*open_short_amt
    revenue = round(revenue + revenue_t,4)
    print("*[{}] time:{} short stop loss:{} revenue:{}"
          .format(i, get_time_hhmmss(t), revenue_t, revenue))
    open_short_cnt = 0
    open_short_amt = 0
    open_short_price = 0
    momentum = ''
    continue


# long take profit
long_revenue = close2*open_long_amt - \
                    (open_long_price + open_long_price*revenue_rate)
if open_long_cnt > 0 and long_revenue > 0:
    revenue_t = close2*open_long_amt - open_long_price
    revenue = round(revenue + revenue_t,4)
```

```python
        open_long_cnt = 0
        open_long_amt = 0
        open_long_price = 0
        continue


    # short take profit
    short_revenue = open_short_price - \
                        (close2*open_short_amt + close2*open_short_amt*revenue_rate)
    if open_short_cnt > 0 and short_revenue > 0:
        revenue_t = open_short_price - close2*open_short_amt
        revenue = round(revenue + revenue_t,4)
        open_short_cnt = 0
        open_short_amt = 0
        open_short_price = 0
        continue


    # long position open
    if open_long_cnt < open_cnt_limit and close1 < vwap:
        temp_amt = open_amt_unit + open_long_amt*increace_rate
        open_long_price = round(open_long_price + close2*temp_amt,4)
        open_long_amt = round(open_long_amt + temp_amt,4)
        open_long_cnt = open_long_cnt + 1


    # short position open
    if open_short_cnt < open_cnt_limit and close1 > vwap:
        temp_amt = open_amt_unit + open_short_amt*increace_rate
        open_short_price = round(open_short_price + close2*temp_amt,4)
        open_short_amt = round(open_short_amt + temp_amt,4)
        open_short_cnt = open_short_cnt + 1

    print("c1:{} c2:{} vwap:{} olc:{} ola:{} olp:{} osc:{} osa:{} osp:{} revenue:{}"
            .format(close1, close2, vwap, open_long_cnt, open_long_amt, open_long_price,
                    open_short_cnt, open_short_amt, open_short_price, revenue))

print("*revenue:{}".format(revenue))
```

역추세 전략을 구현한 전체 코드는 이와 같다. 추세 추종 전략은 백테스트 개념을 알아보고자 단순히 가중이동평균만으로 포지션 오픈과 클로즈 기능을 구현했다. 하지만, 역추세 전략에서는 실전에 더 가깝게 이익 실현과 손실 최소화 전략을 같이 구현해서 알고리즘 트레이딩에 한 발 더 가까이 다가갔다.

```python
def get_time_hhmmss(mili_time):
    mili_time = float(mili_time)/1000
    KST = datetime.timezone(datetime.timedelta(hours=9))
    dt = datetime.datetime.fromtimestamp(mili_time, tz=KST)
    timeline = str(dt.strftime('%D %H:%M:%S'))
    return timeline
```

바이낸스 타임스탬프는 milisecond 단위
1000으로 나눠야 함

Timestamp	월/일/년 시:분:초
1624461540000	06/24/21 00:19:00

| 그림 12-16 | 타임스탬프 시간 변환 함수

바이낸스 분 데이터에서 제공하는 시각은 밀리세컨드 단위의 타임스탬프다. 모니터링하려면 이를 인식할 수 있는 숫자로 변경해야 한다. get_time_hhmmss( ) 함수는 타임스탬프를 월/일/년 시:분:초 형식으로 변환하는 기능을 한다.

```python
def get_open_amt_list(open_amt_unit, open_cnt_limit, increace_rate):
    open_amt = 0
    open_amt_list = [0.0]
    for idx in range(0, open_cnt_limit):
        temp_amt = open_amt_unit + open_amt * increace_rate
        open_amt = round(open_amt + temp_amt, 4)
        open_amt_list.append(open_amt)
    return open_amt_list

[0.0, 9.0, 20.25, 34.3125, 51.8906, 73.8632, 101.329, 135.6612]
```

open_amt_unit	최소 오픈 수량 (9)
open_cnt_limit	최대 오픈 건수 (7)
increace_rate	단계별 수량 증가율 (0.25)

| 그림 12-17 | 타임스탬프 오픈 수량 확인 함수

역추세 매매 전략에서는 단계별로 오픈 수량을 증가시킨다. 최대 얼마까지 수량을 증가시킬 수 있는지 확인하는 것은 트레이딩을 위해 유지해야 할 최소 잔고를 결

정하는 데 굉장히 중요하다. 최소 오픈 수량(open_amt_unit)이 9, 최대 오픈 건수 (open_cnt_limit)가 7이고, 단계별 수량 증가율(increace_rate)이 0.18일 때 단계별 오픈 포지션 수량은 [그림 12-17]과 같다.

```
def get_max_loss(close, open_amt_unit, open_cnt_limit, increase_rate, max_loss_rate):
    open_amt = 0
    open_price = 0
    for idx in range(0, open_cnt_limit):
        temp_amt = open_amt_unit + open_amt * increase_rate
        open_price = round(open_price + close * temp_amt, 4)
        open_amt = round(open_amt + temp_amt, 4)
    return round(open_price * max_loss_rate, 4)
```

14.6514

close	종가 (0.6)
open_amt_unit	최소 오픈 수량 (9)
open_cnt_limit	초대 오픈 건수 (7)
increace_rate	단계별 수량 증가율(0.25)
max_loss_rate	손절 비율(0.18)

| 그림 12-18 | 타임스탬프 손절 가격 확인 함수

get_max_loss( ) 함수는 손실 최소화 주문에 사용할 기준 가격을 계산하는 함수이다. 인수로 모두 5개의 숫자를 입력하는데, close는 기준이 되는 종가(0.6)를 의미하며 max_loss_rate( )는 손질 비율(0.18)을 의미한다. 트레이딩할 때는 종가에 현재 가격을 사용하지만, 백테스트 시점에서는 편의상 평균 가격을 입력해서 사용하도록 한다.

```
revenue_rate = 0.011        (1) 이익 실현 수익률
max_loss_rate = 0.18        (2) 손실 최소화 금액 비율
increase_rate = 0.25        (3) 포지션 증가 비율
open_cnt_limit = 7          (4) 포지션 최대 오픈 횟수
open_amt_unit = 9           (5) 포지션 오픈 단위
close = 0.6                 (6) 손실 최소화 금액 산정 기준 종가
open_amt_list = get_open_amt_list(open_amt_unit, open_cnt_limit, increase_rate)
max_loss = get_max_loss(close, open_amt_unit, open_cnt_limit, increase_rate, max_loss_rate)
print("*open_amt_list:{} max_loss:{}".format(open_amt_list, max_loss))

open_long_cnt = 0
open_long_price = 0
open_long_amt = 0
open_short_cnt = 0
open_short_price = 0
open_short_amt = 0
revenue = 0
revenue_t = 0
```

• 1회 최소 9코인 오픈
• 바이낸스 최소 구매 금액 5 USDT
※ 가격이 낮아지면 open_amt_unit을 증가시켜야 함

| 그림 12-19 | 변수 선언

코드 앞부분은 추세 추종 전략과 같으므로 설명은 생략한다.

(1) revenue_rate는 이익 실현 수익률을 설정하는 변수이다. 예제에서는 수익률 1.3% 이상이면 포지션을 종료한다.

(2) max_loss_rate는 최대 구매 금액에서 손실이 몇 % 발생하면 손실 최소화 주문을 실행할지 결정하는 변수이다. 여기에서는 최대 구매 가능 금액에서 현재 가 기준 18% 손실이 발생하면 손실 최소화 주문이 실행된다. 이 비율을 가지고 get_max_loss( ) 함수를 사용해 손실 최소화 금액을 계산하고 max_loss 변수 에 저장한다.

(3) increase_rate 변수는 포지션 증가 비율을 설정한다. 예제에서는 타임 스텝이 증가함에 따라 포지션 오픈 단위에 이전 타임 스텝에서 오픈했던 포지션의 25% 를 계산해서 합산해서 새로운 포지션을 오픈한다. 이 부분은 설명보다는 뒷부분 에 나오는 코드를 확인하면 더 쉽게 이해할 수 있다.

(4) open_cnt_limit 변수는 최대 오픈 가능한 횟수를 저장하는 역할을 한다. 예제 에서는 최대 포지션을 7번 오픈할 수 있으며, 수량은 오픈할 때마다 대량 25%씩 증가하므로 135.6612개의 포지션을 오픈할 수 있다.

(5) open_amt_unit 변수는 포지션 오픈 단위이다. 바이낸스에서는 최소 주문 금 액을 5 USDT로 설정해 놓았다. 즉, 주문한 수량과 자산 가격의 곱셈이 5USDT 이하이면 주문이 정상적으로 체결되지 않는다. 따라서 XRPUSDT 상품을 거래 할 때는 최소 9개의 포지션을 오픈해야 한다. 물론 이 수량도 자산 가격의 등락 에 따라 조절할 수 있다. 자산 가격이 하락해서 최소 주문 금액을 맞출 수 없다면 open_amt_unit을 증가해야 한다.

(6) close 변수는 백테스트에서만 사용하는 변수인데, 손실 최소화 금액(max_ loss)은 현재 가격 기준으로 손실을 계산해서 산정한다. 백테스트에서는 현재

가격을 편의상 자산 평균 가격의 0.6을 넣어 max_loss를 계산한다.

```
df = df_org.iloc[df_org.shape[0]-1440:,]

for i in range(0, df.shape[0]-1):

    close1 = round(df.iloc[i:i+1,]['c'].values[0],4)      (1) 이전 타임 스텝의 종가
    close2 = round(df.iloc[i+1:i+2,]['c'].values[0],4)    (2) 현재 타임 스텝의 종가
    vwap = round(df.iloc[i:i+1,]['vwap'].values[0],4)     (3) 이전 타임 스텝의 이동평균
    t = round(df.iloc[i+1:i+2,]['t'].values[0],4)         (4) 현재 시간


           포지션 오픈 & 클로즈
```

| 그림 12-20 | 지표 가져오기

3개의 변수를 테스트 데이터에서 가져온다.

(1) close1 변수는 이전 타임 스텝의 종가이다. 이전 타임 스텝의 VWAP 지표와 종가를 비교해서 종가가 위에 있으면 상승추세, 종가가 아래에 있으면 하락추세로 판단한다.

(2) close2 변수는 현재 타임 스텝의 종가이다. 포지션을 오픈하거나 클로즈할 때 기준 가격으로 사용된다. 백테스트와 실제 트레이딩에서 차이 나는 부분이 바로 현재 가격 부분이다. 백테스트에서는 종가를 사용했지만, 실제 트레이딩에서는 정확한 종가를 구할 수 없기 때문이다.

(3) 다음으로, 종가와 비교할 VWAP 지표를 가져온다.

(4) t 변수에는 타임스탬프가 저장되는데, 모니터링 용도로 사용한다.

```
long_loss = open_long_price - close2*open_long_amt      (1) 현재 포지션 손실 계산 (+)
if long_loss > max_loss:                                 (2) 손실 최소화 조건 계산
    revenue_t = close2*open_long_amt - open_long_price  (3) 현재 포지션 손실 계산 (-)
    revenue = round(revenue + revenue_t,4)              (4) 누적 수익 계산
    print("*[{}] time:{} long stop loss:{} revenue:{} ".
        format(i, get_time_hhmmss(t), revenue_t, revenue))
    open_long_cnt = 0
    open_long_amt = 0                                    (5) 변수 초기화
    open_long_price = 0
    continue
```

| 그림 12-21 | 손실 최소화

다음으로 손실 최소화 주문을 설정한다.

(1) 먼저 현재 오픈한 롱 포지션에 대한 손실을 계산한다. open_long_price 변수에는 오픈한 롱 포지션의 누적 가격을 저장한다. open_long_amt 변수에는 오픈한 롱 포지션의 크기를 저장한다. open_long_amt에 현재 타임 스텝의 종가인 close3 변수를 곱해주면 오픈 포지션의 현재 가치를 구할 수 있다. 따라서 open_long_price에서 현재 가치를 빼면 롱 포지션의 손실을 구할 수 있다. 만일 손실이 발생했다면 계산 결과는 양수가 나온다.

(2) 앞에서 max_loss를 95.76으로 설정했다. 계산한 오픈 포지션의 손실 값이 max_loss보다 크다면 손실 최소화 주문이 실현된다.

(3) 이 부분은 손실을 계산하는 수식과 유사한데 반대로 계산하기 때문에 계산 결과가 음수로 나온다. 누적 수익과 합산하면 손실 부분을 제외할 수 있다.

(4) 누적 수익과 현재 포지션의 손실을 합산해서 새로운 누적 수익을 계산한다.

(5) 손실 최소화 주문 계산이 끝났다면 새로운 포지션을 오픈하고자 변수를 초기화한다.

지금까지 롱 포지션의 손실 최소화 주문을 알아봤다. 숏 포지션도 비슷하므로 별도의 설명 없이 넘어가도록 하겠다.

```
#long take profit
long_revenue = close2*open_long_amt - ₩        (1) 이익 실현 조건 계산
                (open_long_price + open_long_price*revenue_rate)
if open_long_cnt > 0 and long_revenue > 0:
    revenue_t = close2*open_long_amt - open_long_price   (2) 현재 포지션 이익 계산
    revenue = round(revenue + revenue_t,4)              (3) 누적 수익 계산
    open_long_cnt = 0
    open_long_amt = 0                                   (4) 변수 초기화
    open_long_price = 0
    continue
```

| 그림 12-22 | 이익 실현

이익 실현 주문 설정 부분에 대해 알아보자.

(1) 앞서 목표 수익률인 revenue_rate 변수를 0.013으로 설정했다. 현재 롱 포지션의 이익이 이 수치를 넘어가면 이익 실현 주문을 실현한다. 현재 자산의 가격을 저장한 close2 변수에 현재 오픈한 롱 포지션 수량이 저장된 open_long_amt 변수를 곱하면 현재 오픈한 롱 포지션의 현재 가치를 계산할 수 있다. 여기에 롱 포지션을 오픈하고자 지출한 비용인 open_long_price와 목표 수익률을 계산한 값을 더해서 현재 가치에서 빼주면 롱 포지션의 수익을 얻을 수 있다. 이 수익은 목표 수익률 초과분을 계산한 것이므로 0보다 클 때 이익 실현 주문을 실현하면 된다.

(2) 현재 오픈한 롱 포지션의 이익을 계산해 보자. 자산의 현재 가격인 close2 변수와 오픈된 롱 포지션의 수량인 open_long_amt 변수를 곱하면 자산의 현재 가치를 구할 수 있다. 여기에서 롱 포지션을 오픈하는 데 지출한 비용인 open_long_price를 빼면 현재 오픈한 롱 포지션을 클로즈하면서 얻을 수 있는 수익을 계산할 수 있다.

(3) 누적 수익을 계산하는 것은 앞에서 언급했으므로 별도의 설명은 생략하도록 한다.

(4) 마지막으로, 새로운 롱 포지션을 오픈하고자 변수를 초기화한다.

```
#long position open
if open_long_cnt < open_cnt_limit and close1 < vwap:
    temp_amt = open_amt_unit + open_long_amt*increace_rate     (1) 조건 계산
    open_long_price = round(open_long_price + close2*temp_amt,4)  (2) 오픈 수량 계산
    open_long_amt = round(open_long_amt + temp_amt,4)            (3) 누적 가격 계산
    open_long_cnt = open_long_cnt + 1                            (4) 누적 수량 계산
```

| 그림 12-23 | 포지션 오픈

이제 롱 포지션을 오픈해 보자.

(1) 오픈 조건은 오픈한 롱 포지션 횟수가 open_cnt_limit의 값인 7보다 작아야 하고 이전 타임 스텝 종가(close1)가 VWAP 보다 작아야 한다. 즉, 하락추세일 때 롱 포지션을 오픈한다.

(2) 오픈 수량을 계산하는데, 최소 오픈 단위인 open_amt_unit의 값인 9에 누적 오픈 수량인 open_long_amt와 증가율 increace_rate를 곱해서 더 해주면 현재 타임 스텝에서 추가로 오픈할 롱 포지션 수량을 계산할 수 있다.

(3) 다음으로, 롱 포지션을 오픈하는 데 사용한 비용 open_long_price를 계산해야 한다. 이전 타임 스텝까지 총 비용을 저장한 변수 open_long_price에 현재 타임 스텝 종가 close2와 현재 타임 스텝 오픈 수량 temp_amt의 곱을 더하면 된다.

(4) 마지막으로 누적 오픈 수량은 이전 타임 스텝까지 오픈한 전체 수량 open_long_amt에 현재 타임 스텝에서 오픈한 수량 temp_amt를 더해주면 된다.

지금까지 역추세 전략을 코드로 구현했다. 추세 추종 전략에서는 로직을 가능한 한 간단히 구성해서 백테스트 개념에 친숙해지도록 하는 것이 목적이었다면 역추세 전략에서는 실제 트레이딩에 사용하기 전 단계의 코드를 구현해서 알고리즘을 검증할 수 있는 수준의 코드를 만드는 것이 목적이다. 갑자기 코딩이 복잡해지는 느낌이 들 수도 있지만, 코드를 하나씩 살펴보면 그리 어렵지 않게 이해할 수 있을 것이다.

	추세 추종 전략	역추세 전략
100분	-0.0012499999999999734	1.1538
1,440분(1일)	0.1930750000000001	5.3101
14,400분(10일)	0.487375000000002	-0.4172
144,000분(100일)	-0.3926000000000085	146.6816

| 그림 12-24 | 역추세 전략 단계별 테스트

추세 추종 전략과 역추세 전략의 결과를 비교해 보자. 역추세 전략에서 추세 추종 전략보다 많은 포지션을 오픈 했으므로 절대적인 수익률보다 추세를 관찰하면 테스트 기간을 늘렸을 때 지속적으로 수익이 증가하는 것을 확인할 수 있다.

물론, 추세 추종 전략이 나쁘다는 것은 아니다. 앞서 다룬 역추세 전략에서는 손실 최소화와 수익 실현 기능을 추가로 구현했으므로 더 높은 수익을 거둘 수 있었다. 추세 추종 전략에서도 다양한 기법과 적절한 지표를 사용하고 인수를 적절하게 튜닝한다면 좋은 결과를 얻을 수 있을 것이다.

```
144,000분(100일)
*[102861] time:05/26/21 11:23:00 short stop loss:-14.772278119999996 revenue:134.7461
*[104277] time:05/27/21 10:57:00 long stop loss:-14.928859439999997 revenue:132.342
*[105944] time:05/28/21 14:43:00 long stop loss:-15.66282111999999 revenue:135.4746
*[107961] time:05/30/21 00:18:00 long stop loss:-14.860151519999988 revenue:138.6081
*[109703] time:05/31/21 05:18:00 short stop loss:-15.12011056 revenue:147.0896
*[110372] time:05/31/21 16:26:00 long stop loss:-14.705742080000007 revenue:142.7184
*[111403] time:06/01/21 09:36:00 long stop loss:-14.951794880000023 revenue:142.176
*[112550] time:06/02/21 04:42:00 long stop loss:-14.715762799999993 revenue:140.7063
*[116027] time:06/04/21 14:35:00 long stop loss:-14.682170960000008 revenue:141.3383
*[121267] time:06/08/21 05:50:00 long stop loss:-15.618399719999985 revenue:140.4837
*[124335] time:06/10/21 08:55:00 long stop loss:-14.806078320000012 revenue:146.7066
*[131082] time:06/15/21 01:15:00 short stop loss:-15.173361360000001 revenue:146.7769
*[136723] time:06/18/21 23:11:00 long stop loss:-15.09343072 revenue:146.9919
*[140591] time:06/21/21 15:35:00 long stop loss:-15.15663975999999 revenue:143.7723
*[141652] time:06/22/21 09:15:00 long stop loss:-14.67663408 revenue:143.4206
*[142399] time:06/22/21 21:41:00 long stop loss:-14.763757999999996 revenue:139.9383
*[143479] time:06/23/21 15:40:00 short stop loss:-15.427071279999993 revenue:141.3516
*revenue:146.6816
```

| 그림 12-25 | 손실 최소화 로그

100일간의 데이터를 활용해서 백테스트를 했을 때 손실 최소화 로직이 동작한 것을 확인할 수 있다. 손실 최소화 로직이 동작하면 포지션 손실이 14.6514 USDT를 넘어가면 손실 처리를 하고 새로운 포지션을 오픈한다. 즉, 14.6514 USDT 이상의 손실이 즉시 발생하는 것이다. 이 금액은 전체 투자 금액의 18%에 해당하기 때문에 적지 않은 손실이다.

하지만, 앞서 개발한 역추세 전략은 다수의 손실이 발생했음에도 불구하고 최종 146.6816라는 수익을 얻은 만큼 실전에서 사용할 수 있는 알고리즘임을 알 수 있다.

이번 장에서는 추세 추종 전략과 역추세 전략 개념을 알아보고 두 전략을 알고리즘으로 구현해서 수익을 낼 수 있는지 백테스트해 보도록 하겠다.

## 13 장

트레이딩 봇
구현하기

공통 기능 구현하기

📋 이 절에서 살펴볼 예제

./comm/calc_indicators.py 🐍
./comm/config.py 🐍
./comm/trade.py 🐍
./comm/util.py 🐍

트레이딩 봇(robobytes)을 구현하려면 여러 가지 기능이 필요하다. 지금까지 살펴본 기능은 더 편리하게 활용하고자 별도 파일로 분리해서 comm 폴더에 모아 두자. 이렇게 하면 robobytes.py 파일에는 트레이딩 전략을 구현하는 데 필요한 코드만 들어가므로 프로그램을 이해하고 업그레이드하기가 더 쉬워진다.

공통 파일 (comm)	calc_indicators .py	지표 계산
	config.py	인증 키
	trade.py	바이낸스 Open API
	util.py	공통 기능
트레이딩 봇	robobytes.py	

| 그림 13-1 | 파일 구성

트레이딩 지표를 계산하는 모든 기능은 calc_indicators.py 파일에 넣어 둔다. 오픈 API 사용에 필요한 인증키는 config.py 파일이 기록해 둔다. 바이낸스 오픈 API를 더 편리하게 활용하기 위한 다양한 기능은 trade.py 파일에, 그 외에 편의 기능은 util.py 파일에 구현한다.

이 모든 파일을 comm 폴더에 넣으면 robobytes.py 프로그램에서 `import` 명령어로 모든 기능을 손쉽게 사용할 수 있다.

get_sma()	단순이동평균
get_wma()	가중이동평균
get_ema()	지수이동평균
get_macd()	MACD
get_rsi()	RSI
get_stochRSI()	StochRSI
get_bb()	Bollinger Bands
get_vwap()	VWAP

| 그림 13-2 | calc_indicators.py 구성

calc_indicators.py 파일에는 거래 지표를 모아 놓는다. 앞에서 언급한 8개의 거래 지표 계산 수식을 각각 함수로 구현해서 파일을 구성한다.

| G_API_KEY | binance API key |
| G_SECRET_KEY | binance secret key |

| 그림 13-3 | config.py 구성

바이낸스 오픈 API를 사용하려면 API Key와 Secret Key 두 개의 키가 필요하다. 바이낸스 홈페이지에서 키를 발급받아 config.py 파일에 저장한다.

set_leverage()	레버리지 설정
trade_buy_long()	롱 포지션 오픈
trade_buy_long_take_profit()	롱 포지션 이익 실현 주문
trade_buy_short()	숏 포지션 오픈
trade_buy_short_take_profit()	숏 포지션 이익 실현 주문
trade_close_long()	롱 포지션 클로즈
trade_close_short()	숏 포지션 클로즈

| 그림 13-4 | trade.py 구성-1

trade.py 파일에는 바이낸스 오픈 API에서 제공하는 기능을 쉽게 사용할 수 있도록 모두 15개의 기능을 구현했다. set_leverage( ) 함수는 레버리지를 설정하는 기능을 제공한다. 1에서 125까지 레버리지를 설정할 수 있다.

trade_buy_long( ) 함수는 롱 포지션을 오픈하는 기능을, trade_buy_long_take_profit( ) 함수는 롱 포지션에 대한 이익 실현 주문 기능을 제공한다.

trade_buy_short( ) 함수는 숏 포지션을 오픈하는 기능을 제공하며, trade_buy_short_take_profit( ) 함수는 숏 포지션에 대한 이익 실현 주문 기능을 제공한다.

trade_close_long( ) 함수와 trade_close_short( ) 함수는 각각 롱 포지션과 숏 포지션을 클로즈한다.

trade_stop_market()	손실 최소화 주문
trade_cancel()	취소 주문
cancel_all_orders()	전체 미체결(pending) 주문 취소
ask_order_status()	주문 상태 조회
ask_order_book()	호가 조회
ask_balance()	잔고 조회
cancel_pending_order()	미체결 주문 취소
get_position_amt()	오픈 포지션 정보 조회

| 그림 13-5 | trade.py 구성-2

trade_stop_market( ) 함수는 손실 최소화 주문 기능을 제공하는데, 옵션으로 롱 포지션과 숏 포지션을 선택할 수 있다.

trade_cancle( ) 함수는 앞서 한 주문에 대한 취소 주문을 할 수 있다. 주문 번호 (order_id)로 주문을 한 건씩 취소한다. 주문이 체결(예: 롱 포지션 오픈)되었다면 주문을 취소할 수 없다.

cancel_all_orders( ) 함수는 모든 미체결(pending) 주문을 한 번에 취소한다.

ask_order_status( ) 함수는 주문 상태를 조회할 수 있고, ask_order_book( ) 함수는 호가를 조회할 수 있다. ask_balance( ) 함수는 계좌 잔고를 조회할 수 있다.

cancel_pending_order( ) 함수는 미체결 주문을 포지션별로 취소한다. cancel_all_orders( ) 함수는 모든 미체결 주문을 취소하고 cancel_pending_order( ) 함수는 롱 또는 숏 포지션을 선택해서 미체결 주문을 취소한다.

get_position_amt( ) 함수는 오픈 포지션 정보를 조회할 수 있다. 인수를 사용해서 조회가 필요한 롱/숏 포지션을 선택할 수 있다.

```python
def trade_buy_long(request_client, coin_name, param_buy_coin_amt, trade_price):
    order_id = "error"
    trade_message = "good"
    try:
        result = request_client.post_order(          (1) 롱 포지션 오픈 주문
            symbol=coin_name,
            side=OrderSide.BUY,
            ordertype=OrderType.LIMIT,
            quantity=param_buy_coin_amt,
            price=trade_price,
            timeInForce="GTC",
            positionSide="LONG"
        )
        order_id = result.orderId
    except BinanceApiException as e:                  (2) 예외 처리
        trade_message = "{} {}".format(e.error_code, e.error_message)
    except:
        trade_message = "{}".format(sys.exc_info())

    return str(order_id), trade_message              (3) 처리 결과 반환
```

| 그림 13-6 | trade_buy_long() 함수 살펴보기

trade_buy_long( ) 함수를 살펴보도록 하자.

(1) 롱 포지션 오픈 주문은 앞서 살펴본 코드와 동일하다.

(2) 예외 처리 부분이 추가로 들어갔는데, 오류가 발생하면 바이낸스에서는 Binan ceApiException 예외가 발생하고 다른 문제가 발생한다면 시스템에서 보내는 오류 정보를 받아 메시지로 전달한다.

(3) 마지막으로 처리 결과를 반환하는데, 주문 처리된 아이디와 메시지이다. 정상으로 처리했다면 "good" 메시지를 받고 아니라면 오류 메시지를 받는다.

get_time_ss()	타임스탬프에서 초 추출
get_time_mm()	타임스탬프에서 분 추출
get_time_hhmmss()	타임스탬프에서 시간 추출
log_info()	로그 기록
get_web_1m_data()	1분 데이터 가져오기
get_open_amt_list()	단계별 구매 수량 계산
check_open_cnt()	오픈 건수 계산
get_max_loss()	손실 최소화 실현 금액 계산

| 그림 13-7 | util.py 구성

util.py 파일에는 백테스트 과정에서 만든 다양한 기능이 들었다. get_time_ss( ) 함수는 타임스탬프에서 초를 추출한다. get_time_mm( ) 함수는 타임스탬프에서 분을 추출하며 get_time_hhmmss( ) 함수는 타임스탬프를 시간 데이터로 변경한다. log_info( ) 함수는 모니터링 로그를 남기는 기능이다. 앞으로 다른 형식으로 로그를 남기고 싶을 때는 log_info( ) 함수만 변경하면 되므로 직접 print( ) 함수를 사용해서 로그를 남기는 것보다 기능 측면에서 유리하다.

get_web_1m_data( ) 함수는 바이낸스에서 실시간으로 분 데이터를 가져온다. 분데이터는 매분 6초 이후에 조회할 수 있으므로 프로그램에서 조회 시간을 조절하는 것이 필요하다.

get_open_amt_list( ) 함수는 최소 구매 수량, 최대 구매 건수, 단계별 증가 비율을 입력하면 단계별로 몇 건의 포지션을 오픈하는지 자동으로 계산한다.

check_open_cnt( ) 함수는 오픈 수량을 인수로 전달하면 그 수량이 get_open_amt_list( ) 함수를 통해 계산하는 단계별 구매 수량의 몇 단계에 해당하는지 인덱스를 찾아 준다. 트레이딩 봇에서 현재 포지션을 몇 번 오픈했는지 계산할 때 사용한다. 백테스트에서는 몇 개의 포지션을 오픈했는지 쉽게 계산할 수 있지만, 실제 트레이딩 상황에서는 오픈한 포지션이 이익 실현이나 손실 최소화로 직접 제어 영역 밖에서 클로즈될 수 있으므로 오픈 수량을 조회해서 그 수량이 단계별 구매 수량 리스트에서 몇 번째 인덱스에 해당하는지를 이용하여 현재 몇 개의 포지션이 오픈됐는지 알아낸다.

get_max_loss( ) 함수는 손실 최소화 실현 금액을 계산해 준다. 현재 자산 가격을 기준으로 가격이 일정 비율(max_loss_rate = 0.18)에 도달하면 이익 실현 또는 손실 최소화 주문을 하고자 이 가격을 계산한다.

트레이딩 봇 구조 살펴보기

이 절에서 살펴볼 예제

./robobytes.py 🐍

백 테스트와 달리 실제 트레이딩 봇 프로그램은 조금 복잡하다. 백테스트에서는 로직 흐름을 순서대로 진행했지만, 트레이딩 봇은 이익 실현 주문과 손실 최소화 주문 때문에 로직이 비동기로 동작한다. 즉, 포지션을 오픈하면 바로 이익 실현 주문과 손실 최소화 주문이 시스템에 등록되고 특정 가격에 도달하면 시스템에서 자동으로 거래를 체결한다. 이 모두를 제어해서 알고리즘을 만들어야 하므로 로직이 복잡해질 수밖에 없다.

트레이딩 봇은 모두 7개 부분으로 구성된다. (1)과 (2)는 프로그램을 처음 실행했을 때 초기화 루틴이며 (3)부터는 무한 루프를 돌면서 반복한다.

(1) 변수 초기화 영역에서는 프로그램에 사용하는 변수를 초기화한다. 특히 revenue_rate부터 open_amt_unit까지의 5개의 변수는 프로그램 성능에 영향을 미치는 핵심 변수이다. 오랜 시간 튜닝을 거쳐 프로그램에 최적화된 변숫값을 찾아야 한다.

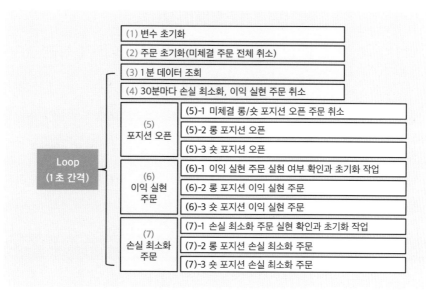

| 그림 13-8 | 트레이딩 봇

(2) 주문 초기화 영역은 프로그램에 시작될 때 혹시 남았을지 모르는 미체결 주문 전체를 취소하는 기능을 한다.

(3) 1분 데이터 조회 부분은 바이낸스에서 제공하는 URL을 통해 1분 데이터를 조회한다. 전체 루프는 다양한 기능을 수행하고 마지막이 1초를 쉰다. 따라서 루프를 한 번 돌 때 4초에서 8초의 지연이 발생한다. 1분 데이터는 매 6초에 생성되기 때문에 매분 6초부터 10초 사이에 데이터를 가져오도록 설정해서 데이터 조회에 실패하는 일이 없도록 설정했다.

(4) 손실 최소화, 이익 실현 주문 취소 부분은 30분마다 실행된다. 손실 최소화와 이익 실현 주문은 지정된 가격에 자산 가격이 도달하면 자동으로 체결되는 방식으로 동작한다. 만일 이익 실현 주문이 체결된다면 손실 최소화 주문은 그대로 남아있기 때문에 30분 주기로 취소 주문을 실행해 불필요하게 남은 주문을 취소한다. 30분마다 취소해도 이익 실현과 손실 최소화 주문은 오픈 포지션에 대해 루

프를 돌면서 자동으로 생성되기 때문에 상관이 없다.

(5) 포지션 오픈 부분은 롱 포지션과 숏 포지션을 조건에 맞게 오픈하는 역할을 한다.

(6) 이익 실현 주문 부분은 오픈 포지션에 대해 이익 실현 주문을 실행하는 역할을 한다. 롱/숏 포지션이 오픈되면 오픈된 수량만큼 이익 실현 주문이 자동으로 들어간다.

(7) 손실 최소화 주문 부분은 오픈 포지션에 대해 손실 최소화 주문을 실행하는 역할을 한다. 이익 실현 주문과 마찬가지로 오픈된 롱/숏 포지션에 대해 손실 최소화 주문이 자동으로 들어간다.

🔍 **트레이딩 봇 전체 코드: robobytes.py**

```
import time
import comm.config as conf
import comm.trade as trade
import comm.util as util
import comm.calc_indicators as calc
from binance_f import RequestClient
```

```
###### (1) 변수 초기화 ######
g_api_key = conf.G_API_KEY        # binance API key
g_secret_key = conf.G_SECRET_KEY  # binance secret key
coin_name = 'XRPUSDT'
request_client = RequestClient(api_key=g_api_key, secret_key=g_secret_key)
base_candle_url = "https://www.binance.com/fapi/v1/klines?symbol={}&interval=1m".
format(coin_name)


# 인수 설정
revenue_rate = 0.011   # 익절 비율
max_loss_rate = 0.18   # 손절 비율
increace_rate = 0.25   # 포지션 증가 비율
open_cnt_limit = 7     # 최대 오픈 건수
```

```python
open_amt_unit = 9        # 최소 오픈 수량
open_amt_list = []       # 단계별 주문 수량
open_amt_list = util.get_open_amt_list(open_amt_unit, open_cnt_limit, increace_rate)
max_loss = 0             # 손절 가격(stop loss 주문 시 계산)

trade_flag = 1           # 0:trade not yet, 1:trade done
vwap = 0                 # 이전 분 vwap
close = 0                # 이전 분 종가

open_long_amt = 0            # 롱 포지션 오픈 수량
open_short_amt = 0           # 숏 포지션 오픈 수량
process_sleep_time = 0.2     # 대기 시간
long_order_id = ""           # 오픈 롱 포지션 아이디
short_order_id = ""          # 오픈 숏 포지션 아이디
profit_long_id = ""          # 오픈 롱 이익 실현 주문 아이디
profit_short_id = ""         # 오픈 숏 이익 실현 주문 아이디
stop_long_id = ""            # 오픈 롱 손실 최소화 주문 아이디
stop_short_id = ""           # 오픈 숏 손실 최소화 주문 아이디
profit_long_amt = 0          # 롱 이익 실현 주문 수량
profit_short_amt = 0         # 숏 이익 실현 주문 수량
stop_long_amt = 0            # 롱 손실 최소화 주문 수량
stop_short_amt = 0           # 숏 손실 최소화 주문 수량

util.log_info("*********** start trading ***********")
##### (2) 주문 초기화(미체결 주문 전체 취소) #####
message = trade.cancel_pending_order(request_client, coin_name, "long")
if message != 'good':
    util.log_info("+[{}]long cancel_pending_order error msg:{}".
                  format(util.get_time_hhmmss(time.time()), message))
message = trade.cancel_pending_order(request_client, coin_name, "short")
if message != 'good':
    util.log_info("+[{}]short cancel_pending_order error msg:{}".
                  format(util.get_time_hhmmss(time.time()), message))

while True:
```

```python
check_ss = util.get_time_ss(time.time())  # 초 단위 확인
###### (3) 분데이터 가져오기, 분데이터는 6초 후 생성 start ######
if check_ss in ('06', '07', '08', '09', '10'):
    # 데이터 가져오기
    df = util.get_web_1m_data(base_candle_url)
    df['vwap'] = calc.get_vwap(df['h'], df['l'], df['c'], df['v'], 14)
    df_one = df.iloc[df.shape[0]-1:,]  # 마지막 한 건 가져오기
    vwap = df_one['vwap'].values[0]
    close = df_one['c'].values[0]
    trade_flag = 0


    ###### (4) 30분 마다 take_profie, stop_loss 주문 취소 ######
    check_mm = util.get_time_mm(time.time())  # 분 단위 체크
    if check_mm in ('00', '30'):  # 30분마다 take_profie, stop_loss 주문 취소
        # take profit 주문이 실행됐을 때
        # stop loss 주문은 예전 주문이 그대로 있을 때 발생
        message = trade.cancel_pending_order(request_client, coin_name, "long")
        if message != 'good':
            util.log_info("+[{}]long cancel_pending_order error msg:{}".
                          format(util.get_time_hhmmss(time.time()), message))
        message = trade.cancel_pending_order(request_client, coin_name, "short")
        if message != 'good':
            util.log_info("+[{}]short cancel_pending_order error msg:{}".
                          format(util.get_time_hhmmss(time.time()), message))
        util.log_info("+[{}] cancel_pending_order (stop loss & take profit) msg:{}".
                      format(util.get_time_hhmmss(time.time()), message))
###### 분 데이터 가져오기, 분 데이터는 6초후 생성 end ######


###### (5) position open start ######
if trade_flag == 0 and check_ss in ('58', '59', '00', '01'):
    trade_flag = 1
    ### (5)-1 cancel before timestep order ###
    if long_order_id != "":
        status, message = trade.ask_order_status(request_client, coin_name,
                                                 long_order_id)
```

```python
            if message != 'good':
                util.log_info("+[{}]cancel before timestep-long ask_order_status "
                              "error msg:{}"
                              .format(util.get_time_hhmmss(time.time()), message))
                continue
            if status == "NEW":  # open long order 미체결, 주문 취소
                result, message = trade.trade_cancle(request_client, coin_name,
                                                     long_order_id)
                if message != 'good':
                    util.log_info("+[{}]cancel before timestep-long trade_cancle "
                                  "error msg:{}"
                                  .format(util.get_time_hhmmss(time.time()), message))
                    continue
            time.sleep(process_sleep_time)
        if short_order_id != "":
            status, message = trade.ask_order_status(request_client, coin_name,
                                                     short_order_id)
            if message != 'good':
                util.log_info("+[{}]cancel before timestep-short ask_order_status "
                              "error msg:{}"
                              .format(util.get_time_hhmmss(time.time()), message))
                continue
            if status == "NEW":  # open short order 미체결, 주문 취소
                result, message = trade.trade_cancle(request_client, coin_name,
                                                     short_order_id)
                if message != 'good':
                    util.log_info("+[{}]cancel before timestep-short trade_cancle "
                                  "error msg:{}"
                                  .format(util.get_time_hhmmss(time.time()), message))
                    continue
            time.sleep(process_sleep_time)
        ### cancel before timestep order ###

        ### (5)-2 long position open start ###
        amt, entry_price, message = trade.get_position_amt(request_client, coin_name,
                                                           'LONG')
```

```
            if message != 'good':
                util.log_info("+[{}]long position open-get_position_amt error msg:{}"
                            .format(util.get_time_hhmmss(time.time()), message))

                continue

        time.sleep(process_sleep_time)
        open_long_cnt = util.check_open_cnt(amt, open_amt_list)
        # print("***try open long amt:{} open_long_cnt:{} close:{} vwap:{}".
        #       format(amt, open_long_cnt, close, vwap))
        if open_long_cnt <= open_cnt_limit and close < vwap:
            open_long_amt = open_amt_unit + amt * increace_rate
            # open_long_amt = amt + temp_amt
            # 호가 조회
            order_bid, order_ask, message = trade.ask_order_book(request_client,
                                                               coin_name)

            if message != 'good':
                util.log_info("+[{}]long position open-ask_order_book error msg:{}"
                            .format(util.get_time_hhmmss(time.time()), message))

                continue
            # 거래 단위 조정
            trade_price = "{:0.0{}f}".format(order_ask, 4)    # 소수점 첫째 자리
            trade_amt = "{:0.0{}f}".format(open_long_amt, 1)  # 소수점 넷째 자리
            # open long position
            long_order_id, message = trade.trade_buy_long(request_client, coin_name,
                                                        trade_amt, trade_price)

            if message != 'good':
                util.log_info("+[{}]long open position-trade_buy_long error msg:{}"
                            .format(util.get_time_hhmmss(time.time()), message))

                continue
            trading_msg = "*[{}]long open position id:{} v:{} c:{} p:{} a:{} m:{}"\
                        .format(util.get_time_hhmmss(time.time()), long_order_id,
                                vwap, close, trade_price, trade_amt, message)
            util.log_info(trading_msg)
            time.sleep(process_sleep_time)
        ### long position open end ###
```

```python
### (5)-3 short position open start ###
amt, entry_price, message = trade.get_position_amt(request_client, coin_name,
                                                    'SHORT')
if message != 'good':
    util.log_info("+[{}]short open position-get_position_amt error msg:{}"
                  .format(util.get_time_hhmmss(time.time()), message))
    continue
time.sleep(process_sleep_time)
open_short_cnt = util.check_open_cnt(amt, open_amt_list)

if open_short_cnt <= open_cnt_limit and close > vwap:
    open_short_amt = open_amt_unit + amt * increace_rate
    # open_short_amt = amt + temp_amt
    # 호가 조회
    order_bid, order_ask, message = trade.ask_order_book(request_client,
                                                          coin_name)
    if message != 'good':
        util.log_info("+[{}]short open position-ask_order_book error msg:{}"
                      .format(util.get_time_hhmmss(time.time()), message))
        continue
    # 거래 단위 조정
    trade_price = "{:0.0{}f}".format(order_bid, 4)     # 소수점 첫째 자리
    trade_amt = "{:0.0{}f}".format(open_short_amt, 1)  # 소수점 넷째 자리
    # open short position
    short_order_id, message = trade.trade_buy_short(request_client, coin_name,
                                                     trade_amt, trade_price)
    trading_msg = "*[{}]short open position id:{} v:{} c:{} p:{} a:{} "\
                  "m:{}".format(util.get_time_hhmmss(time.time()),
                                short_order_id, vwap, close, trade_price,
                                trade_amt, message)
    util.log_info(trading_msg)
    time.sleep(process_sleep_time)
### short position open end ###
###### position open end ######
```

```python
###### (6) take profit start #####
### (6)-1 prepare take profit ###
# take profit 주문이 체결되었다면 profit amt를 0으로 만들어
# 새로운 take profit 주문을 준비한다.
if profit_long_id != "":
    status, message = trade.ask_order_status(request_client, coin_name,
                                             profit_long_id)
    if message != 'good':
        util.log_info("+[{}]prepare take profit-long ask_order_status error msg:{}".
                      format(util.get_time_hhmmss(time.time()), message))
        continue
    if status != "NEW":  # 주문 체결
        profit_long_id = ""
        profit_long_amt = 0
if profit_short_id != "":
    status, message = trade.ask_order_status(request_client, coin_name,
                                             profit_short_id)
    if message != 'good':
        util.log_info("+[{}] prepare take profit-short ask_order_status error "
                      "msg:{}".format(util.get_time_hhmmss(time.time()), message))
        continue
    if status != "NEW":  # 주문 체결
        profit_short_id = ""
        profit_short_amt = 0


### (6)-2 LONG Take Profit start ###
amt, entry_price, message = trade.get_position_amt(request_client, coin_name,
                                                   'long')
if message != 'good':
    util.log_info("+[{}]long take profit-get_position_amt error msg:{}".
                  format(util.get_time_hhmmss(time.time()), message))
    continue
diff_amt = amt - profit_long_amt
if diff_amt > 0:
    # 이전 주문 취소, 모든 주문을 취소하고 전체를 다시 주문한다.
```

```python
            if profit_long_id != "":
                result, message = trade.trade_cancle(request_client, coin_name,
                                                    profit_long_id)
                if message == 'good':
                    util.log_info("+[{}]long take profit-trade_cancle error id:{} msg:{}"
                                    .format(util.get_time_hhmmss(time.time()), profit_long_id,
                                            message))
                    continue
                time.sleep(process_sleep_time)
            order_bid, order_ask, message = trade.ask_order_book(request_client, coin_name)
            profit_price = "{:0.0{}f}".format((entry_price + entry_price * revenue_rate), 4)
            stop_price = "{:0.0{}f}".format((order_ask + 0.0002), 4)
            trade_amt = "{:0.0{}f}".format(amt, 1)
            order_id_profit, message = trade.trade_buy_long_take_profit(
                request_client, coin_name, trade_amt, profit_price, stop_price)
            if message == 'good':
                profit_long_id = order_id_profit
                profit_long_amt = amt
            util.log_info(
                "*[{}]long take profit id:{} amt:{} stop_price:{} profit_price:{} "
                "msg:{}".format(util.get_time_hhmmss(time.time()), order_id_profit,
                                trade_amt, stop_price, profit_price, message)
            )
            time.sleep(process_sleep_time)
### LONG Take Profit end ###


### (6)-3 SHORT Take Profit start ###
amt, entry_price, message = trade.get_position_amt(request_client,
                                                    coin_name, 'short')
diff_amt = amt - profit_short_amt
if diff_amt > 0:
    # 이전 주문 취소, 모든 주문을 취소하고 전체를 다시 주문한다.
    if profit_short_id != "":
        result, message = trade.trade_cancle(request_client, coin_name,
```

```python
                                             profit_short_id)
            if message != 'good':
                util.log_info("+[{}]short take profit-trade_cancle error id:{} msg:{}"
                              .format(util.get_time_hhmmss(time.time()),
                                      profit_short_id, message))
                continue
            time.sleep(process_sleep_time)
        order_bid, order_ask, message = trade.ask_order_book(request_client, coin_name)
        if message != 'good':
            util.log_info("+[{}]short take profit-ask_order_book error msg:{}".
                          format(util.get_time_hhmmss(time.time()), message))
            continue
        profit_price = "{:0.0{}f}".format((entry_price - entry_price * revenue_rate), 4)
        stop_price = "{:0.0{}f}".format((order_bid - 0.0002), 4)
        trade_amt = "{:0.0{}f}".format(amt, 1)
        order_id_profit, message = trade.trade_buy_short_take_profit(
            request_client, coin_name, trade_amt, profit_price, stop_price)
        if message == 'good':
            profit_short_id = order_id_profit
            profit_short_amt = amt
        util.log_info(
            "*[{}]short take profit id:{} amt:{} stop_price:{} profit_price:{} "
            "msg:{}".format(util.get_time_hhmmss(time.time()), profit_short_id,
                            trade_amt, stop_price, profit_price, message)
        )
        time.sleep(process_sleep_time)
### SHORT Take Profit end ###
###### take profit end #####


###### (7) stop loss start #####
### (7)-1 prepare stop loss
# stop loss 주문이 체결되었다면 stop loss amt를 0으로 만들어
# 새로운 stop loss 주문을 준비한다.
if stop_long_id != "":
```

```python
        status, message = trade.ask_order_status(request_client,
                                        coin_name, stop_long_id)
    if message != 'good':
        util.log_info("+[{}]prepare stop loss-long ask_order_status error msg:{}".
                    format(util.get_time_hhmmss(time.time()), message))
        continue
    if status != "NEW":  # 주문 체결
        stop_long_amt = 0
        stop_long_id = ""
if stop_short_id != "":
    status, message = trade.ask_order_status(request_client,
                                        coin_name, stop_short_id)

    if message != 'good':
        util.log_info("+[{}]prepare stop loss-short ask_order_status error msg:{}".
                    format(util.get_time_hhmmss(time.time()), message))
        continue
    if status != "NEW":  # 주문 체결
        stop_short_amt = 0
        stop_short_id = ""


### (7)-2 LONG stop loss start ###
amt, entry_price, trade_message = trade.get_position_amt(request_client, coin_name,
                                                'long')
diff_amt = amt - stop_long_amt
if diff_amt > 0:
    # 이전 주문 취소, 모든 주문을 취소하고 전체를 다시 주문한다.
    if stop_long_id != "":
        result, message = trade.trade_cancle(request_client,
                                        coin_name, stop_long_id)
        if message != 'good':
            util.log_info("+[{}]long stop loss-trade_cancle error msg:{}".
                        format(util.get_time_hhmmss(time.time()), message))
            continue
        stop_long_id = ""
        time.sleep(process_sleep_time)
```

```python
        max_loss = util.get_max_loss(entry_price, open_amt_unit,
                                     open_cnt_limit, increace_rate, max_loss_rate)
        stop_price = "{:0.0{}f}".format((entry_price - max_loss), 4)
        trade_amt = "{:0.0{}f}".format(amt, 1)
        order_id_stop, message = trade.trade_stop_market(
            request_client, coin_name, stop_price, trade_amt, "long")
        if message == 'good':
            stop_long_id = order_id_stop
            stop_long_amt = amt
        util.log_info(
            "*[{}]long stop loss id:{} amt:{} max_loss:{} stop_price:{} msg:{}".format(
                util.get_time_hhmmss(time.time()), order_id_stop, trade_amt, max_loss,
                stop_price, message)
        )
        time.sleep(process_sleep_time)
### LONG stop loss end ###


### (7)-3 SHORT stop loss start ###
amt, entry_price, trade_message = trade.get_position_amt(request_client, coin_name,
                                                         'short')
diff_amt = amt - stop_short_amt
if diff_amt > 0:
    # 이전 주문 취소, 모든 주문을 취소하고 전체를 다시 주문한다.
    if stop_short_id != "":
        result, message = trade.trade_cancle(request_client,
                                             coin_name, stop_short_id)
        if message != 'good':
            util.log_info("+[{}]short stop loss-trade_cancle error msg:{}".
                          format(util.get_time_hhmmss(time.time()), message))
            continue
        time.sleep(process_sleep_time)
    max_loss = util.get_max_loss(entry_price, open_amt_unit,
                                 open_cnt_limit, increace_rate, max_loss_rate)
    stop_price = "{:0.0{}f}".format((entry_price + max_loss), 4)
    trade_amt = "{:0.0{}f}".format(amt, 1)
```

```
        order_id_stop, message = trade.trade_stop_market(
            request_client, coin_name, stop_price, trade_amt, "short")
        if message == 'good':
            stop_short_id = order_id_stop
            stop_short_amt = amt
        util.log_info(
            "*[{}]short stop loss id:{} amt:{} max_loss:{}  stop_price:{} "
            "msg:{}".format(util.get_time_hhmmss(time.time()), order_id_stop,
                        trade_amt, max_loss, stop_price, message)
        )
        time.sleep(process_sleep_time)
### SHORT stop loss end ###
###### stop loss end #####

    time.sleep(1)  # 2초 후 다시 시도
```

전체 코드를 살펴보면 지금까지 주피터 노트북으로 살펴봤던 백테스트 코드와 비교하면 난도가 많이 높아진 것을 알 수 있다. 실전 상황에서 다양하게 발생할 수 있는 상황을 처리해야 하므로 방어 코드와 다양한 기능을 넣었기 때문이다. 7개 부분으로 나누어 기능을 하나씩 살펴보면 어렵지 않게 코드를 이해할 수 있을 것이다.

03

트레이딩 봇 기본 기능

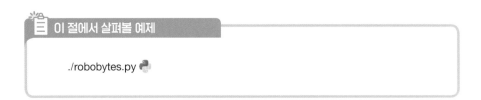

📋 이 절에서 살펴볼 예제

./robobytes.py 🐍

이제 트레이딩 봇 전체 코드를 하나씩 분해해서 분석해보자.

```
g_api_key = conf.G_API_KEY        # binance API key          (1) 인증키 설정
g_secret_key = conf.G_SECRET_KEY # binance secret key        (2) 코인 설정
coin_name = 'XRPUSDT'
request_client = RequestClient(api_key=g_api_key, secret_    (3) 오픈 API 클래스 생성
base_candle_url = "https://www.binance.com/fapi/v1/klines?symbol={}&interval=1m"\
    .format(coin_name)                                       (4) 1분 데이터 URL 설정

#파라미터 설정
revenue_rate = 0.011    #익절 비율
max_loss_rate = 0.18    #손절 비율
increace_rate = 0.25    #포지션 증가 비율          (5) 핵심 변수 설정
open_cnt_limit = 7      #최대 오픈 건수
open_amt_unit = 9       #최소 오픈 수량
open_amt_list = []      #단계별 주문수량
open_amt_list = util.get_open_amt_list(open_amt_unit, open_cnt_limit, increace_rate)
max_loss = 0            #손절 가격(stop loss 주문시 계산)   (6) 단계별 주문 수량과 손절 가격 설정
```

| 그림 13-9 | 변수 초기화 - 1

변수 초기화 부분은 대부분 오픈 API 테스트와 백테스트 과정에서 살펴본 내용이다.

하지만, 트레이딩 봇의 이해를 돕고자 간단하게 한 번 더 살펴보도록 하겠다.

(1) 인증키를 설정해야 하는데 인증키는 config.py 파일에 저장된다. config.py 파일은 conf라는 이름으로 사용할 수 있도록 프로그램 위에서 import 구문으로 선언한다. G_API_KEY와 G_SECRET_KEY를 가져와 g_api_key와 g_secret_key 변수에 각각 저장한다.

(2) 다음으로 코인 종류를 설정하는데, 지금은 XRPUSDT를 사용했으나 원하는 코인을 선택할 수 있도록 coin_name 변수를 사용했다.

(3) 오픈 API를 사용할 수 있도록 지원하는 RequestClient 클래스를 생성한다. 생성할 때 인증키를 인수로 넣는다.

(4) 1분 데이터를 가져올 URL을 설정한다. 데이터 개수를 지정하지 않으면 기본적으로 최신 데이터부터 500건의 데이터를 가져온다. 문자열에 {}를 입력하면 뒷부분에 format( ) 함수를 사용해서 원하는 문자열을 동적으로 입력할 수 있다.

(5) 트레이딩 봇 성능과 직결되는 핵심 변수를 설정한다. revenue_rate는 이익 실현 수익률을 설정하는 변수이다. 예제에서는 수익률 1.1% 이상이면 포지션을 종료한다. max_loss_rate는 최대 구매 금액에서 손실이 몇 % 발생하면 손실 최소화 주문을 실행하는지 결정하는 변수이다. 여기에서는 최대 구매 가능 금액에서 현재가 기준 18% 손실이 발생하면 손실 최소화 주문을 실행한다. increase_rate 변수는 포지션 증가 비율을 설정한다. 예제에서는 타임 스텝이 증가함에 따라 포지션 오픈 단위에 이전 타임 스텝에서 오픈했던 포지션의 25%를 합산해서 새로운 포지션을 오픈한다. open_cnt_limit 변수는 최대 오픈 가능한 횟수를 저장하는 역할을 한다. 예제에서는 최대 포지션을 7번 오픈할 수 있으며, 수량은 오픈할 때마다 대략 25%씩 증가하므로 135.6612개의 포지션을 오픈할 수 있다. open_amt_unit 변수는 포지션 오픈 단위이다. 바이낸스에서는 최소 주문 금액을 5 USDT로 설정해 놓았다. 즉, 주문한 수량과 자산 가격의 곱이 5 USDT

이하이면 주문이 정상적으로 체결되지 않는다. 따라서 XRPUSDT 상품을 거래할 때는 최소 9개의 포지션을 오픈해야 한다. 물론 이 수량도 자산 가격 등락에 따라 조절할 수 있다. 자산 가격이 하락해서 최소 주문 금액을 맞출 수 없다면 open_amt_unit을 증가해야 한다.

(6) 단계별로 오픈할 수 있는 수량을 계산한다. util.py 파일에 정의한 get_open_amt_list( ) 함수로 계산할 수 있는데, 단계별 오픈 가능 수량을 리스트 형태로 반환한다.

| 그림 13-10 | 변수 초기화 - 2

(1) trade_flag 변수는 트레이딩 시작 여부를 저장한다. 0이면 1분 데이터만 가져온 상태이고, 1이면 트레이딩이 시작된 상태이다. 이 변수는 1분 동안 포지션을 한 번만 오픈하고자 사용한다. trade_flag가 0일 때 포지션을 오픈하고 오픈선을 오픈했으면 trade_flag를 1로 변경한다. trade_flag 변수는 1분 데이터를 가져올 때 0으로 초기화한다.

(2) vwap 변수는 이전 분 VWAP 지표를 저장한다.

(3) close 변수는 이전 분 종가를 저장한다.

(4) open_long_amt는 변수는 롱 오픈 주문 수량을 저장하고, open_short_amt는 숏 오픈 주문 수량을 저장한다. 포지션을 오픈하는 시점에 이전에 오픈한 수량에 increace_rate를 곱해 새로운 주문 수량을 산정하는데, 이 값이 이들 변수에 저장된다.

(5) process_sleep_time 변수는 프로세스 대기 시간을 저장한다. 바이낸스에서는 시스템 부하를 방지하고자 너무 잦은 API 호출은 금지한다. 지금 개발하는 트레이딩 봇은 촌각을 다투는 알고리즘이 아니므로 한 번 오픈 API를 호출한 다음 process_sleep_time 시간 동안 잠시 쉬었다가 다음 로직을 진행한다.

| 그림 13-11 | 변수초기화 - 3

트레이딩 봇은 내부적으로 주문 아이디를 저장한다. 3종류의 주문이 있는데, 하나는 (1) 일반적인 포지션 오픈이고 (2) 다른 하나는 이익 실현 주문이다. (3) 마지막으로 손실 최소화 주문이 있다. 각 주문이 성공적으로 요청되면 주문 아이디를 반환하는데, 이 값을 각각 변수에 저장한다.

앞에서 롱/숏 오픈 주문 수량을 저장한 변수를 살펴봤는데, (4) 이익 실현 주문 수량과 (5) 손실 최소화 주문 수량 또한 변수에 저장한다.

```
                                    (1) 롱 포지션 미체결 주문 전체 취소
message = trade.cancel_pending_order(request_client, coin_name, "long")
if message != 'good':                (2) 오류 로깅
    util.log_info("+[{}]long cancel_pending_order error msg:{}".
                  format(util.get_time_hhmmss(time.time()), message))

message = trade.cancel_pending_order(request_client, coin_name, "short")
if message != 'good':
    util.log_info("+[{}]short cancel_pending_order error msg:{}".
                  format(util.get_time_hhmmss(time.time()), message))
```

| 그림 13-12 | 주문 초기화

트레이딩 봇을 처음 실행하면 이전에 남아있는 미체결 주문을 모두 취소하는 동작을 수행한다. 트레이딩 봇을 다시 실행할 때는 인수나 알고리즘을 변경할 때가 대부분이므로 이전에 실행했던 주문은 새로운 프로그램과 맞지 않는다. 따라서 혹시 남아있을지 모를 미체결 주문을 취소하는 로직을 추가해야 한다.

(1) cancel_pending_order( ) 함수를 사용해서 미체결 주문을 취소하는데, 옵션으로 롱/숏 포지션을 선택할 수 있다. 처음에는 롱 포지션을 취소하고 다음은 숏 포지션을 취소한다.

(2) cancel_pending_order( ) 함수가 정상으로 실행되어 모든 주문이 취소되면 반환값으로 "good"이라는 메시지를 보내 준다. 반환 메시지가 "good"이 아니라면 오류가 발생한 상황이므로 관련 메시지를 로그로 남긴다.

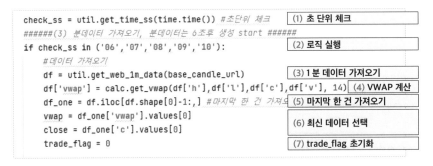

```
check_ss = util.get_time_ss(time.time())   #초단위 체크          (1) 초 단위 체크
######(3) 분데이터 가져오기, 분데이터는 6조후 생성 start ######
if check_ss in ('06','07','08','09','10'):                      (2) 로직 실행
    #데이터 가져오기
    df = util.get_web_1m_data(base_candle_url)                  (3) 1분 데이터 가져오기
    df['vwap'] = calc.get_vwap(df['h'],df['l'],df['c'],df['v'], 14)   (4) VWAP 계산
    df_one = df.iloc[df.shape[0]-1:,]   #마지막 한 건 가져오기    (5) 마지막 한 건 가져오기
    vwap = df_one['vwap'].values[0]                             (6) 최신 데이터 선택
    close = df_one['c'].values[0]
    trade_flag = 0                                             (7) trade_flag 초기화
```

| 그림 13-13 | 1분 데이터 가져오기

이제부터 초기화가 끝나고 본격적인 트레이딩이 시작된다. 트레이딩은 while 구문을 사용해서 무한 루프를 돌면서 반복된다.

(1) 가장 먼저 현재 시각의 초 데이터를 구한다.

(2) 초 데이터가 6초에서 10초 사이면 1분 데이터 조회 로직을 실행한다. 앞서 언급했듯이 1분 데이터는 6초 후에 생성되기 때문에 6초가 될 때까지 기다린다. 또한, 로직을 수행할 때 길게는 5초 정도의 시간이 걸리므로 10초까지 실행 범위에 넣

는다. 6초가 됐을 때만 실행하면 1분 데이터를 못 가져올 수도 있기 때문이다.

(3) 이제 get_web_1m_data( ) 함수를 사용해서 1분 데이터를 가져와서 df 변수에 저장한다. 조회한 1분 데이터는 데이터 프레임 형식으로 변환하여 저장하므로 쉽게 다룰 수 있다.

(4) get_vwap( ) 함수로 트레이딩에 사용할 VWAP 지표를 계산한다.

(5) 데이터 프레임에서 제공하는 iloc( ) 함수를 사용해서 마지막 데이터 한 건만 추출한다. 1분 데이터는 시간순으로 정렬되므로 마지막 데이터가 가장 최신 데이터이다. 참고로 df.shape[0]은 전체 데이터 건수를 반환한다. df.shape는 데이터 프레임에 저장된 데이터 형태를 [행 개수, 열 개수]와 같이 반환하므로 배열의 첫 번째 데이터가 데이터 프레임에 저장된 전체 데이터의 개수가 된다.

(6) 선택된 최신 데이터에서 알고리즘에 사용할 VWAP 지표와 종가 데이터를 가져와서 각 변수에 저장한다.

(7) trade_flag를 0으로 초기화해서 포지션을 오픈할 준비를 한다.

```
######(4) 30분 마다 take_profie, stop_loss 주문 취소 ######
check_mm = util.get_time_mm(time.time())      (1) 분 단위 체크
if check_mm in ('00', '30'):                  (2) 로직 실행
    #take profit 주문이 실행됐을 때 stop loss 주문은 예전 주문이 그대로 있는 경우 발생
    message = trade.cancel_pending_order(request_client, coin_name, "long")
    if message != 'good':
        util.log_info("+[{}]long cancel_pending_order error msg:{}".
                    format(util.get_time_hhmmss(t
                                                        (3) 미체결 주문 전체 취소
    message = trade.cancel_pending_order(request_cl
    if message != 'good':
        util.log_info("+[{}]short cancel_pending_order error msg:{}".
                    format(util.get_time_hhmmss(time.time()), message))
    util.log_info("+[{}] cancel_pending_order (stop loss & take profit) msg:{}".
                    format(util.get_time_hhmmss(time.time()), message))
```

| 그림 13-14 | **30분 단위 주문 초기화**

주문 초기화는 트레이딩 루프(Loop)가 실행되기 전에 한 번 실행했다. 하지만, 트레이딩 봇이 오류 없이 동작하려면 주기적으로 초기화해야 한다.

주로 이익 실현 주문과 손실 최소화 주문에서 발생하는 문제 때문에 주기적인 초기화가 필요하다. 하나의 포지션이 오픈되면 바로 이익 실현 주문과 손실 최소화 주문이 들어간다. 그런데 자산 가격이 이익 실현 주문의 조건에 맞게 되면 포지션은 이익 실현을 위해 자동으로 청산된다. 그럴 때 손실 최소화 주문은 그대로 남게 된다.

다른 포지션이 오픈되고 새로운 이익 실현 주문의 들어갈 때 손실 최소화 주문은 예전 주문이 그대로 남으므로 새롭게 들어가지 않는다. 이 문제를 해결하고자 주기적으로 미체결 주문을 취소하는 로직을 추가했다.

(1) 주문 취소는 30분 단위로 실행되므로 현재 시각에서 분 데이터를 추출한다.

(2) 현재 시각이 0분 또는 30분이면 로직을 실행한다.

(3) 이제 시간이 되었다면 미체결 주문 전체 취소 로직을 실행한다.

```
#####(5) position open start #####
if trade_flag == 0 and check_ss in ('58','59','00','01'):    (1) 포지션 오픈 로직 실행

    trade_flag = 1                  (2) trade_flag 설정
    ###(5)-1 cancel before timestep order ###
    if long_order_id != "":     (3) 미체결 주문 취소 로직 실행
        status, message = trade.ask_order_status(request_client, coin_nam    (4) 주문 상태 조회
        if message != 'good':
            util.log_info("+[{}]cancel before timestep-long ask_order_sta    (5) 오류 로깅
                        format(util.get_time_hhmmss(time.time()), message))
            continue

        if status == "NEW": #open long order 미체결, 주문 취소
            result, message = trade.trade_cancle(request_client, coin_name, long_order_id)
            if message != 'good':
                util.log_info("+[{}]cancel before timestep-long trade_cancle error msg:{}".
                            format(util.get_time_hhmmss(time.time()), message))
                continue
        time.sleep(process_sleep_time)
```

| 그림 13-15 | 포지션 오픈 - 미체결 주문 취소

(1) 매분 58초부터 01초 사이에 포지션 오픈 로직을 실행한다. 백테스트할 때 종가

를 기준으로 테스트했으므로 최대한 종가에 가까운 값을 얻기 위한 로직이다.

(2) 먼저 trade_flag를 1로 설정한다. 다음 루프에서 1분 안에 여러 번 포지션 오 픈 로직이 실행되는 것을 방지한다.

(3) long_order_id가 있다면 이전 타임 스텝에서 롱 포지션 오픈 주문이 들어갔다 는 얘기이다. 그런데 주문이 체결되지 않았다면 그 주문을 취소하고 새로운 주 문을 넣어야 한다.

(4) ask_order_status( ) 함수를 사용해서 주문 아이디(long_order_id)를 이용 하여 주문 상태를 확인한다. 주문 상태가 "NEW"이면 아직 포지션이 오픈되지 않 은 상태이므로 trade_cancle( ) 함수를 사용해서 주문을 취소한다.

(5) ask_order_status( ) 함수에서는 주문 상태와 함께 처리 결과를 반환하는데 이 값을 message 변수에 저장한다. 만일 message 변숫값이 "good"이 아니면 주 문 상태를 정상적으로 조회하지 못한 것이므로 오류 내용을 로그로 남긴다. 앞 으로 사용하는 모든 오픈 API에 대해 같은 로직을 적용한다. 인터넷 환경이기 때 문에 의도치 않은 오류가 발생할 수 있으므로 관련 내용을 로그로 남겨 확인하 는 것은 중요한 절차이다.

미체결 주문 내역을 취소했으면 이제 본격적으로 롱 포지션을 오픈해 보자. 롱 포지 션 오픈과 숏 포지션 오픈은 사용하는 함수와 몇몇 변수 설정만 다르므로 이 책에서 는 롱 포지션에 대해서만 살펴보도록 하겠다.

(1) 먼저 오픈된 롱 포지션의 상태를 조회한다. 앞 타임 스텝에서 오픈한 롱 포지션 의 수량을 확인한다. 몇 개의 포지션이 오픈됐는 지 알 수 있으면 포지션을 몇 번 오픈했는 지도 알 수 있기 때문이다. get_position_amt( ) 함수를 사용해서 오픈된 포지션 상태를 조회할 수 있다.

```
###(5)-2 long position open start ###
amt, entry_price, message = trade.get_position_amt(request_client, coin_name, 'LONG')
if message != 'good':                                  (1) 오픈 포지션 상태 조회
    util.log_info("*[{}]long position open-get_position_amt error msg:{}".
                   format(util.get_time_hhmmss(time.time()), message))
    continue
time.sleep(process_sleep_time)

open_long_cnt = util.check_open_cnt(amt, open_amt_list)     (2) 포지션 오픈 횟수 조회

if open_long_cnt <= open_cnt_limit and close < vwap:        (3) 포지션 오픈 조건 체크
    open_long_amt = open_amt_unit + amt * increace_rate     (4) 포지션 오픈 수량 계산

    # 호가조회
    order_bid, order_ask, message = trade.ask_order_book(request_client, coin_name)
    if message != 'good':                                  (5) 호가 조회
        util.log_info("*[{}]long position open-ask_order_book error msg:{}".
                       format(util.get_time_hhmmss(time.time()), message))
        continue

    # 거래 단위 조정
    trade_price = "{:.0f}f".format(order_ask, 4) #
    trade_amt = "{:.0f}f".format(open_long_amt, 1)          (6) 거래 단위 조정

    # open long position
    long_order_id, message = trade.trade_buy_long(request_client, coin_name, trade_amt, trade_price)
    if message != 'good':                                  (7) 롱 포지션 오픈
        util.log_info("*[{}]long open position-trade_buy_long error msg:{}".
                       format(util.get_time_hhmmss(time.time()), message))
        continue
    trading_msg = "*[{}]long open position id:{} v:{} c:{} p:{} a:{} m:{}".format(
        util.get_time_hhmmss(time.time()), long_order_id, vwap, close,
        trade_price, trade_amt, message)
    util.log_info(trading_msg)
    time.sleep(process_sleep_time)
```

| 그림 13-16 | 롱 포지션 오픈

(2) check_open_cnt( ) 함수는 지금까지 롱 포지션을 몇 번 오픈했는지 계산한다.
초기 변수 설정 때 단계별로 오픈하는 수량을 리스트 형태로 계산해서 open_
amt_list 변수에 저장했다. open_amt_list 변수와 현재까지 오픈된 롱 포지
션 수량을 저장한 amt를 check_open_cnt( ) 함수에 인수로 전달하면 amt가
open_amt_list 몇 번째 배열에 있는지 인덱스를 반환한다. 이 인덱스가 open_
long_cnt 변수에 저장된다.

(3) 롱 포지션을 오픈할 준비가 모두 끝났다. 이제 롱 포지션을 오픈할 수 있는 조건
을 만족하는지 확인해야 한다. open_cnt_limit 변수는 포지션을 몇 번까지 오
픈할 수 있는지의 정보를 저장한다. open_long_cnt 변수가 open_cnt_limit
변수보다 작다면 하나의 조건을 만족하는 것이다. 다음으로, 종가가 VWAP보다
작다면 두 번째 조건을 만족한다. 두 조건을 만족할 때 롱 포지션 오픈 로직을 시
작한다.

(4) 롱 포지션을 몇 개 오픈할 지 계산해야 한다. 포지션을 오픈할 때마다 오픈하는 수량을 점진적으로 증가한다. 증가 비율은 increace_rate 변수에 저장된다. 단위 오픈 수량(open_amt_unit)에 현재까지 오픈된 수량에 증가 지율을 곱해서 더하면 현재 타임 스텝에서 오픈할 수량을 계산할 수 있다.

(5) 롱 포지션을 오픈할 가격을 결정해야 한다. 먼저 ask_order_book( ) 함수로 최고 매수 호가(order_bid)와 최저 매도 호가(order_ask)를 조회한다. 매수 호가는 자산을 사고자 제시한 가격이므로 최고 매수 호가가 현재가와 가장 비슷하다. 반대로 매도 호가는 사람들이 자산을 팔고자 제시한 가격이므로 최저 매도 호가가 현재 가격과 가장 비슷한 가격이다. 최저 매도 호가가 최고 매수 호가 보다 가격이 높다.

롱 포지션은 자산을 싸게 사서 비싸게 팔아야 하므로 높은 수익을 내려면 최고 매수 호가로 포지션을 오픈해야 하지만, 주문에 대한 보다 빠르고 정확한 체결을 위해 최저 매도 호가(order_ask)를 포지션 오픈 가격으로 사용한다.

(6) 앞에서 계산한 오픈 가격(order_ask)과 수량(open_long_amt)의 소수점을 조정해야 한다. 바이낸스에서는 코인별로 최소 오픈 단위를 지정한다. XRPUSDT 상품에서 오픈 가격은 소수점 4자리, 오픈 수량은 소수점 1자리까지 허용한다.

(7) 포지션 오픈 준비가 끝났다면 trade_buy_long( ) 함수로 롱 포지션을 오픈한다. 함수의 실행결과로 반환한 주문 아이디는 long_order_id 변수에 저장한다. 다음 타임 스텝에서 새로운 포지션을 오픈할 때 주문 상태를 체크하고 미체결 상태이면 주문을 취소할 때 long_order_id에 저장된 주문 아이디를 사용한다.

04

트레이딩 봇 이익 실현 기능

이제 기본적인 포지션 오픈 기능을 구현했으므로 좀 더 난도가 높은 이익 실현 기능을 구현해 보자.

```
if profit_long_id != "":
    status, message = trade.ask_order_status(request_client, coin_name, profit_long_id)
    if message != 'good':                          (1) 주문 상태 조회
        util.log_info("+[{}]prepare take profit-long ask_order_status error msg:{}".
                      format(util.get_time_hhmmss(time.time()), message))
        continue
    if status != "NEW": #주문 체결              (2) 주문이 체결되었으면
        profit_long_id = ""                         새로운 이익 실현 주문 준비
        profit_long_amt = 0
```

| 그림 13-17 | 이익 실현 주문 - 기체결 주문 처리

(1) 먼저 이전에 처리한 이익 실현 주문 상태를 확인해 보자. 포지션을 오픈하기 전에 확인했던 것과 같이 ask_order_staus( ) 함수를 사용하는데, 한 가지 다른 점은 이익 실현 주문 아이디(profit_long_id)를 이용한다는 것이다.

(2) 주문 상태가 미체결이면 "NEW"이므로 미체결 상태가 아니면 주문이 처리된 것

으로 간주하고 이익 실현 주문 아이디 변수(profit_long_id)와 이익 실현 주문 수량 변수(profit_long_amt)를 모두 초기화한다. 이를 초기화하면 오픈된 롱 포지션 수량만큼 롱 포지션에 대한 이익 실현 주문이 새롭게 들어간다.

```
amt, entry_price, message = trade.get_position_amt(request_client, coin_name, 'long')
if message != 'good':                            (1) 롱 포지션 오픈 수량과 가격 조회
    util.log_info("*+[{}]long take profit-get_position_amt error msg:{}".
                   format(util.get_time_hhmmss(time.time()), message))
    continue

diff_amt = amt - profit_long_amt            (2) 새로운 포지션 오픈 확인
if diff_amt > 0:
    # 이전 주문 취소, 모든 주문을 취소하고 전체를 다시 주문한다.
    if profit_long_id != "":
        result, message = trade.trade_cancle(request_client, coin_name, profit_long_id)
        if message == 'good':                    (3) 기존 이익 실현 주문 취소
            util.log_info("*+[{}]long take profit-trade_cancle error id:{} msg:{}".
                           format(util.get_time_hhmmss(time.time()), profit_long_id, message))
            continue
        time.sleep(process_sleep_time)

    order_bid, order_ask, message = trade.ask_order_book(request_client, coin_name)
    profit_price = "{:0.0{}f}".format((entry_price + entry_price * revenue_rate),4)
    stop_price = "{:0.0{}f}".format((order_ask + 0.0002), 4)   (4) 이익 실현 가격 설정
    trade_amt = "{:0.0{}f}".format(amt, 1)
    order_id_profit, message = trade.trade_buy_long_take_profit(
        request_client, coin_name, trade_amt, profit_price, stop_price)
    if message == 'good':                        (5) 롱 포지션 이익 실현 주문과
        profit_long_id = order_id_profit             주문 결과 저장
        profit_long_amt = amt
    util.log_info(
        "*[{}]long take profit id:{} amt:{} stop_price:{} profit_price:{} msg:{}".format(
            util.get_time_hhmmss(time.time()), order_id_profit, trade_amt,
            stop_price, profit_price, message)
    )
    time.sleep(process_sleep_time)
```

| 그림 13-18 | 롱 포지션 이익 실현 주문

(1) 롱 포지션에 대한 이익 실현 주문을 하기 전에 먼저 해야 할 것은 오픈된 롱 포지션의 수량(amt)과 오픈 가격(entry_price)을 조회하는 것이다. 이 수량과 가격은 이익 실현 주문의 오픈 수량과 가격을 결정하는 기초 자료로 사용한다.

(2) 롱 포지션 오픈과 이익 실현 주문이 항상 순서대로 이루어지는 것은 아니다. 이익 실현 주문은 지정가에 도달하면 시스템에서 자동으로 체결되기 때문이다. 새로운 이익 실현 주문을 하기 전에 항상 현재까지 오픈한 롱 포지션 수량과 지금까지 실행한 이익 실현 주문의 수량 차이를 구해야 한다. 롱 포지션 수량이 많다면 이전에 오픈한 이익 실현 주문 전체를 취소하고 오픈된 롱 포지션 전체에 대

한 이익 실현 주문을 새롭게 실행한다.

(3) profit_long_id가 없다면 이익 실현 주문을 하지 않았으므로 취소할 필요가 없다. profit_long_id가 있다면 trade_cancle( ) 함수로 기존에 들어간 이익 실현 주문을 취소한다.

(4) 이제 새로운 이익 실현 주문을 해야 한다. 이익 실현 가격(profit_price)은 이익이 실현될 자산 가격이다. 자산 가격이 이익 실현 가격에 도달하면 자동으로 포지션을 클로즈한다. 이익 실현 가격은 포지션 오픈 가격에 수익률(revenue_rate)을 곱해서 계산할 수 있다.

이익 실현 시작 가격(stop_price)은 이익 실현 주문이 시작되는 가격이다. 자산 가격이 이익 실현 시작 가격에 도달하면 이익 실현 주문이 들어간다. 이 가격은 현재 가격보다 약간 높은 가격으로 설정하면 된다.

(5) 이제 trade_buy_long_take_profit( ) 함수로 이익 실현 주문을 한다. 함수의 실행 결과로 반환되는 이익 실현 주문 아이디와 이익 실현 주문 수량은 각각 profit_long_id와 profit_long_amt 변수에 저장한다.

트레이딩 봇 손실 최소화 기능

📋 이 절에서 살펴볼 예제

./robobytes.py 🐍

이제 마지막으로 손실 최소화 기능을 구현해 보자. 손실 최소화 기능은 이익 실현 기능과 매우 비슷하다.

```
if stop_long_id != "":
    status, message = trade.ask_order_status(request_client, coin_name, stop_long_id)
    if message != 'good':                          (1) 주문 상태 조회
        util.log_info("+[{}]prepare stop loss-long ask_order_status error msg:{}".
                    format(util.get_time_hhmmss(time.time()), message))
        continue
    if status != "NEW": #주문 체결
        stop_long_amt = 0          (2) 주문이 체결되었으면
        stop_long_id = ""             새로운 손실 최소화 주문 준비
```

| 그림 13-19 | 손실 최소화 주문 - 기체결 주문 처리

손실 최소화 주문 초기화 작업 역시 이익 실현 주문과 비슷하다. 한 가지 차이점은 profit_long_id 대신에 stop_long_id를 사용한다는 것이다. 이전 타임 스텝의 손실 최소화 주문 상태를 조회하고 그에 따른 제반 작업을 한다.

```
amt, entry_price, trade_message = trade.get_position_amt(request_client, coin_name, 'long')
diff_amt = amt - stop_long_amt

if diff_amt > 0:
    # 이전 주문 취소, 모든 주문을 취소하고 전체를 다시 주문한다.
    if stop_long_id != "":
        result, message = trade.trade_cancle(request_client, coin_name, stop_long_id)
        if message != 'good':
            util.log_info("*[{}]long stop loss-trade_cancle error msg:{}".
                    format(util.get_time_hhmmss(time.time()), message))
            continue
        stop_long_id = ""
    time.sleep(process_sleep_time)
    max_loss = util.get_max_loss(entry_price, open_amt_unit, open_cnt_limit,
                            increace_rate, max_loss_rate)          (1) 손실 최소화 가격 결정
    stop_price = "{:.0{}f}".format((entry_price - max_loss),4)
    trade_amt = "{:.0{}f}".format(amt, 1)
    order_id_stop, message = trade.trade_stop_market(
        request_client, coin_name, stop_price, trade_amt, "long")
    if message == 'good':                        (2) 롱 포지션 이익 실현 주문과
        stop_long_id = order_id_stop                  주문 결과 저장
        stop_long_amt = amt
    util.log_info(
        "*[{}]long stop loss id:{} amt:{} max_loss:{} stop_price:{} msg:{}".format(
            util.get_time_hhmmss(time.time()), order_id_stop, trade_amt, max_loss,
            stop_price, message)
    )
    time.sleep(process_sleep_time)
```

| 그림 13-20 | 롱 포지션 손실 최소화 주문

앞서 이야기했듯이 롱 포지션 손실 최소화 주문은 이익 실현 주문과 매우 비슷하다. 그러므로 다른 점만 간단히 살펴보고 넘어가도록 하겠다.

(1) 이익 실현 주문에서는 이익 실현 가격을 계산했다면 손실 최소화 주문에서는 손실 최소화 가격(max_loss)을 계산해야 한다. 손실 최소화 실현 가격은 get_max_loss( ) 함수로 구할 수 있는데, 얼마만큼의 손해가 나야 손실 최소화 주문이 실현되는지는 max_loss_rate 변수로 조절한다.

(2) 주문에 필요한 가격을 모두 계산했다면 trade_stop_market( ) 함수로 손실 최소화 주문을 요청한다. 이후 로직은 이익 실현 주문과 마찬가지이므로 설명은 생략한다.

이것으로 전체 로직이 어떻게 동작하는지 모든 설명을 마쳤다. 앞으로 해야 할 것은 트레이딩 프로그램을 실제로 실행하면서 모니터링을 통해 최적의 인수를 설정하는 것이다.

트레이딩 봇 실행하기

코드를 완성하고 어떻게 동작하는지 이해했으면 코드를 실행해서 정상으로 동작하는지 확인하자.

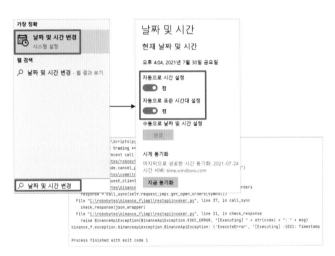

| 그림 13-21 | 시간 동기화

트레이딩 봇 실행 전에 해야 할 것은 날짜와 시간을 동기화하는 것이다. PC 시간과 서버 시간이 다르다면 오류가 발생할 수도 있다. 윈도우 아래쪽의 검색란에 '날짜 및 시간 변경'을 입력하면 시간을 동기화하는 프로그램이 검색된다. 클릭해서 [자동으로 시간 설정]과 [자동으로 표준 시간대 설정] 항목을 [켬]으로 변경하자.

단축키: Ctrl + Shift + F10

| 그림 13-22 | 트레이딩 봇(robobytes.py) 실행

파이참으로 robobytes.py 프로그램을 열어 실행해 보자. 마우스 오른쪽 버튼을 클릭
하면 메뉴가 나오는데, [실행 'robobytes']를 클릭하면 프로그램을 실행한다. 단축키
Ctrl + ⇧Shift + F10 을 사용해도 된다.

```
C:\robobytes\venv\Scripts\python.exe C:/robobytes/robobytes.py
*********** start trading ***********
*[07/30/21 16:06:59]short open position id:15867135251 v:0.75004207471878 c:0.7505 p:0.7495 a:9.0 m:good
*[07/30/21 16:07:01]short take profit id:15867135376 amt:9.0 stop_price:0.7493 profit_price:0.7413 msg:good
*[07/30/21 16:07:02]short stop loss id:15867135746 amt:9.0 max_loss:0.1349  stop_price:0.8844 msg:good
*[07/30/21 16:08:01]long open position id:15867148375 v:0.7501235205521144 c:0.7501 p:0.7497 a:9.0 m:good
*[07/30/21 16:08:03]long take profit id:15867148797 amt:9.0 stop_price:0.7498 profit_price:0.7579 msg:good
*[07/30/21 16:08:04]long stop loss id:15867148927 amt:9.0 max_loss:0.1349 stop_price:0.6148 msg:good
```

short open position	amount: 9.0	price: 0.7495	
short take profit	amount: 9.0	stop price: 0.7493	profit price: 0.7413
short stop loss	amount: 9.0	max loss: 0.8844	stop price: 0.8844

| 그림 13-23 | 실행 로그 살펴보기

프로그램을 실행해도 바로 포지션을 오픈하지 않는다. 매분 6초에 1분 데이터를 가
져오고 매분 58초에 조건이 맞으면 포지션을 오픈한다. 따라서 최소한 몇 분 정도 기
다려야 로그를 확인할 수 있다.

이번에는 숏 포지션부터 오픈되었다. 숏 포지션을 오픈하면 오픈한 수량만큼 이익 실현 주문과 손실 최소화 주문이 같이 들어가는 것을 확인할 수 있다. 다음으로, 롱 포지션이 오픈되었는데, 이 또한 숏 포지션과 마찬가지로 동작한다.

포지션 Position									
Symbol	Size	Entry Price	Mark Price	Liq.Price	Margin Ratio	Margin	PNL(ROE %)	Close All Positions	
XRPUSDT Perpetual 1x	9.0 XRP	0.7497	0.7495	6,437.8208	1.14%	6.75 USDT (Cross)	-0.00 USDT (-0.03%)	Market	Limit
XRPUSDT Perpetual 1x	-9.0 XRP	0.7495	0.7495	6,437.8208	1.14%	6.75 USDT (Cross)	0.00 USDT (0.00%)	Market	Limit

대기주문 Open Orders								
Time	Symbol	Type	Side	Price	Amount	Filled	Reduce Only	Post Only
2021-07-30 16:08:06	XRPUSDT Perpetual	Limit	Close Long	0.7579	9.0 XRP	0.0 XRP	Yes	No
2021-07-30 16:08:04	XRPUSDT Perpetual	Stop Market	Close Long	–	9.0 XRP	0.0 XRP	Yes	No
2021-07-30 16:07:17	XRPUSDT Perpetual	Limit	Close Short	0.7413	9.0 XRP	0.0 XRP	Yes	No
2021-07-30 16:07:01	XRPUSDT Perpetual	Stop Market	Close Short	–	9.0 XRP	0.0 XRP	Yes	No

| 그림 13-24 | 바이낸스에서 확인하기

바이낸스 선물 트레이딩 화면 아래에서 포지션과 대기 주문을 확인할 수 있다. 앞서 로그에서 0.9개의 XRPUSDT 선물을 각각 롱 포지션과 숏 포지션으로 오픈한 것을 살펴봤는데, 바이낸스 화면에서도 같은 숫자의 포지션이 오픈된 것을 확인할 수 있다.

대기 주문 항목에서는 이익 실현 주문과 손실 최소화 주문이 롱 포지션과 숏 포지션에 대해 각각 들어가 있는 것을 확인할 수 있다.

다시 한 번 강조하지만, 일시적으로 수익이 발생한다고 해서 거래량을 한꺼번에 많이 늘려서는 절대 안 된다. 이 책에서 제공하는 코드는 기초적인 거래 개념만을 구현했기 때문에 시장에서 발생할 수 있는 다양한 리스크를 해결하지 못한다. 반드시 본인만의 알고리즘을 만들어서 최소 3개월 이상의 모니터링을 거친 후 거래량을 점차 늘려야 한다.

ALGORITHM
TRADING

지금까지 트레이딩 봇의 기본을 알아보았다. 예제로 제공하는 코드(robobytes.py)를 활용해서 일시적으로 수익이 날 수도 있지만, 변화무쌍한 시장 상황을 견딜 수 있는 견고한 프로그램은 아니다.
이 책에서 제공하는 코드는 하나의 씨앗에 불과하므로 지금부터는 예제를 업그레이드하여 꾸준히 수익이 나는 프로그램으로 꽃 피워야 한다.

## 14장

마무리하며

01

다양한 기술 지표 활용하기

지금까지 살펴본 기술 지표는 모두 8개였지만, 정작 예제에서 사용한 기술 지표는 이동평균과 거래량 가중평균이 전부였다. 다른 한편으로 생각하면 예제를 이용하여 더 발전한 프로그램을 만들 여지가 많다는 얘기도 될 수 있다.

가장 먼저 해야 할 것은 지금까지 공부한 지표를 활용하는 것이다. 그리고 같은 지표라도 옵션을 다양하게 조정해 보는 것이다. 이동평균을 구할 때 산정 기간을 7일, 14일, 28일 이렇게 다양하게 백테스트해 볼 수도 있다.

URL https://technical-analysis-library-in-python.readthedocs.io/en/latest/

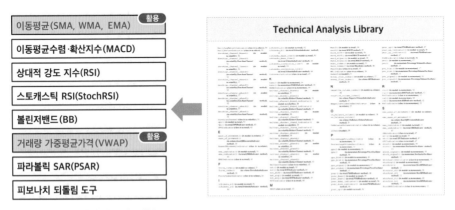

| 그림 14-1 | 다양한 기술 지표 활용

그다음 해야 할 것은 이 책에서 다루지 않은 기술 지표를 활용하는 것이다. 파이썬으로 지표를 코딩할 때 기술적 분석 라이브러리(Technical Analysis Library)를 활용한 적이 있다. 홈페이지에 들어가면 여기서 다룬 지표 외에 훨씬 방대한 기술 지표를 제공하는 것을 확인할 수 있다.

그리드 서치와 베이지안 통계

다양한 기술 지표를 사용해서 프로그램을 개선할 때 힘든 점 중 하나가 지표를 하나하나 바꿔가면서 반복적으로 백테스트를 해야 한다는 것이다. 이를 자동화하는 방법이 있는데, 대표적인 것이 **그리드 서치**(Gird Search)와 **베이지안 통계**(Bayesian statistics)이다.

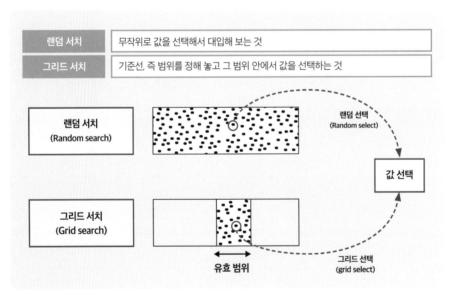

랜덤 서치	무작위로 값을 선택해서 대입해 보는 것
그리드 서치	기준선, 즉 범위를 정해 놓고 그 범위 안에서 값을 선택하는 것

| 그림 14-2 | 그리드 서치

프로그램의 장점 중 하나는 반복 작업을 자동화한다는 것이다. 그리드 서치는 변수의 범위를 지정해 놓고 그 범위에서 무작위로 값을 골라 프로그램을 테스트하는 것이다. 정해진 횟수만큼 반복하면서 결과를 기록해서 가장 좋은 결과를 보인 변수를 선택하는 기법이다. 그리드 서치는 단순하고 무식한 방법인 것 같지만 실제로 활용해 보면 뜻밖에 효과가 좋다는 것을 확인할 수 있다.

베이지안 최적화	베이지안 확률의 개념을 최적화에 활용한 기법
빈도주의 확률	하나의 사건을 반복했을 때 특정 사건이 일어날 횟수의 장기 비율
베이지안 확률	선택한 표본이 특정 사건에 속한다는 가설의 신뢰도 실행을 통해 사전확률을 좀 더 개선된 사후확률로 만드는 과정

| 그림 14-3 | 베이지안 최적화

그다음 많이 사용하는 방법은 베이지안 최적화이다. 베이지안 최적화는 베이지안 확률을 최적화에 활용하는 기법이다.

일반적으로 아는 확률은 빈도주의 확률이다. 주사위를 던져 3이 나올 확률이 1/6이라는 것은 머릿속으로 계산할 수 있다. 하지만, 주사위를 12번 던졌을 때 3이라는 숫자가 반드시 2번이 나오지는 않는다. 만 번 또는 십만 번 던졌을 때 대략 1/6 비율로 3이라는 숫자가 나오는 것이 빈도주의 확률이다. 빈도주의 확률은 한마디로 하나의 사건을 반복했을 때 특정 사건이 일어날 횟수의 장기적인 비율을 나타낸다.

또 다른 확률 개념은 **베이지안 확률**(Bayesianism)이다. 베이지안 확률은 가설(또는 주장)을 세우고 실제로 실행해서 가설을 검증하고 개선하는 것이다. 예를 들어 주사위를 던져 3이 나올 확률이 1/4이라고 가정해보자. 이렇게 가정한 이유는 숫자 3의 반대편의 면적인 다른 면보다 조금 크다는 생각이 들어서다. 이제 실제로 주사위를 60번 던져 3이라는 숫자가 몇 번 나왔는지 세어본다. 만일 10번 나왔다면 비율이 1/6이므로 처음에 했던 가정을 조금 조정하는 것이 좋다. 이제 3이 나올 확률을 조정해서

1/5이라 가정하고 다시 주사위를 60번 던져보고 결과를 수집해서 다시 확률을 조정해보자. 이렇게 계속 데이터를 수집하고 가설을 조정하면서 최적의 확률을 찾는 것이 베이지안 확률이다. 베이지안 확률을 한마디로 정의하면 선택한 표본이 특정 사건에 속한다는 가설의 신뢰도라 할 수 있다.

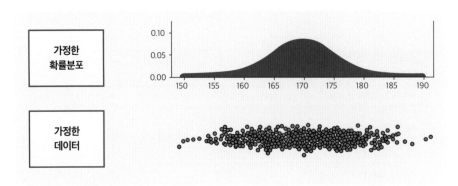

| 그림 14-4 | 사전확률분포

먼저 사전확률분포에 대해 알아보자. 학생들의 키가 150부터 190까지 분포해 있고 평균이 170인 정규분포 형태를 띤다고 가정해 보자. 이것이 바로 사전확률이다. 이런 분포의 데이터는 평균 170 주위에 많이 분포해 있고 150과 190에 가까울수록 데이터가 점점 분포가 점점 줄어든다.

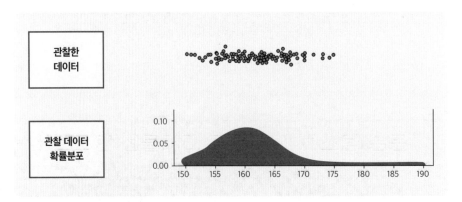

| 그림 14-5 | 관찰한 확률분포

이제 무작위로 3,000명의 학생을 선택해서 실제 키를 측정한 데이터를 살펴보자. 측정한 데이터는 평균이 160이고 양쪽으로 갈수록 데이터가 점점 줄어드는 분포이다. 가운데가 아닌 왼쪽으로 데이터가 치우친 것을 확인할 수 있다.

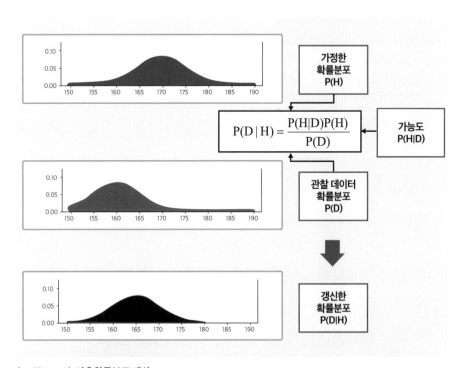

| 그림 14-6 | 사후확률분포 계산

이제 가정한 확률분포(사전확률분포)와 수집한 데이터 확률분포로 갱신한 확률분포(사후확률분포)를 계산해 보자. 결과적으로 계산한 사후확률분포를 시각적으로 살펴보면 사전확률분포와 관찰한 확률분포의 중간쯤에 평균이 형성된 것을 확인할 수 있다. 정확한 확률분포는 두 확률분포의 비율을 구하고 여기에 가능도(likelihood)를 곱하면 아주 쉽게 계산할 수 있다. 가능도를 이해하고 계산하는 과정이 조금 어렵기는 하지만, 이는 **베이지안 최적화**(Bayesian Optimization) 패키지를 사용하면 복잡한 과정 없이 쉽게 결과를 얻을 수 있다.

URL https://github.com/fmfn/BayesianOptimization

Bayesian Optimization

`Travis CI failing` `codecov 98%` `pypi v1.2.0`

Pure Python implementation of bayesian global optimization with gaussian processes.

- PyPI (pip):

```
$ pip install bayesian-optimization
```

| 그림 14-7 | 베이지안 최적화 패키지

베이지안 최적화에는 앞서 소개한 베이지안 확률 외에 다양한 이론이 사용되지만, 모든 이론을 완벽하게 이해하고 활용하기에는 너무나 많은 시간이 걸린다. 하지만, 베이지안 확률에 대한 개념만 가지고 있더라도 패키지 사용에 큰 어려움이 없다.

베이지안 최적화 패키지는 페르난도 노게이라(Fernando Nogueira)가 2014년에 개발한 파이썬 패키지이다. 케라스 튜너(Keras Tuner)에도 비슷한 기능이 있지만, 베이지안 확률에 대한 개념 없이도 쉽게 사용할 수 있기 때문에 이 책에서는 베이지안 최적화 패키지를 추천한다. 다음 사이트에서 자세한 내용을 확인할 수 있다.

URL https://github.com/fmfn/BayesianOptimization

다양한 트레이딩 기법 참조하기

선물 트레이딩 기법을 전문으로 다루는 책은 많지 않다. 가장 좋은 방법은 인터넷에 있는 자료를 활용하는 것이다. 물론 이들 트레이딩 기법으로 수익을 낼 수 있다는 보장은 없다. 하지만, 나만의 트레이딩 봇을 좀 더 스마트하게 업그레이드할 수 있는 아이디어는 얻을 수 있다.

URL https://www.danielstrading.com/education/futures-options-strategy-guide

FUTURES & OPTIONS STRATEGY GUIDE

Using futures and options, whether separately or in combination, can offer countless trading opportunities.

The strategies in this guide are not intended to provide a complete guide to every possible trading strategy, but rather a starting point. Whether the contents will prove to be the best strategies and follow-up steps for you will depend on your knowledge of the market, your risk-carrying ability and your commodity trading objectives.

Learn 21 futures and options trading strategies in this complimentary, easy-to-read guide. Download Now >>

| 그림 14-8 | 다니엘 트레이딩 사이트

필자가 참고하는 사이트 몇 곳을 소개하도록 하겠다. 먼저 "다니엘 트레이딩" 사이트로, 선물 옵션 전략 가이드라는 페이지에서 다양한 전략을 소개한다. 20여 개의 전

략을 간단히 소개하고 세부 링크로 들어가면 전략의 특징과 트레이딩 사례를 구체적으로 설명한다.

 https://mytradingskills.com/futures-trading-strategies

| 그림 14-9 | 마이 트레이딩 스킬스 닷컴

그다음 소개할 사이트는 "마이 트레이딩 스킬스 닷컴"이다. 필립 콘차르가 운영하는 사이트로, 여기에서 '선물 트레이딩 전략(futures-trading-strategies)'이라는 글이 읽을 만하다. 7개 정도의 트레이딩 전략을 간략하게 소개하고 있으며 마지막 부분에는 선물거래에서 주의할 점을 알려준다.

트레이딩 전략에 대한 간단한 개념을 배웠다면 글 아래에 링크된 다양한 자료를 읽어 보기 바란다. 마이 트레이딩 스킬스 닷컴은 유료 온라인 강좌 사이트이므로 초보 트레이더에게 유용한 자료를 소개하면서 강좌 수강을 유도한다. 하지만, 도움이 되는 많은 글을 무료로 찾을 수 있다.

아무래도 영어로 된 사이트이고 용어도 낯설다 보니 쉽게 읽히지가 않는다는 단점이 있지만, 선물 트레이딩과 관련한 다양한 내용을 소개하는 사이트이므로 시간을 들여 읽어볼 것을 추천한다.

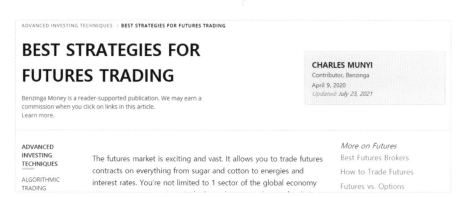

URL https://www.benzinga.com/money/best-strategies-for-futures-trading/

| 그림 14-10 | 벤징가(Bunzinga)

마지막으로 소개할 사이트는 "벤징가"이다. 벤징가는 투자자를 위한 뉴스, 데이터, 교육 서비스 등을 제공하는 사이트이다. 다양한 투자 상품에 대한 정보를 찾을 수 있으며 우리가 원하는 선물 관련 자료도 풍부하다.

지금까지 소개한 3개의 사이트를 모두 다 정독한다는 것이 쉬운 일은 아니다. 몇 개의 글을 읽어보고 자신에게 맞는 사이트를 선택해서 정보를 찾아볼 것을 추천한다.

04

인공지능 기술 활용하기

지금까지 우리가 사용한 방법은 투자 지표를 활용해서 직접 알고리즘을 구현하는 것이었다. 이 외에도 좀 더 고급 기술이 있는데, 바로 인공지능 기술이다. 인공지능 기술은 데이터에서 가치를 찾고 이를 문제 해결에 활용하는 것이다. 인공지능 기술을 활용하려면 우선 인공지능의 개념을 이해하고 이를 지원하는 도구에 익숙해져야 한다.

인공지능 기술을 활용해 트레이딩 봇을 한 단계 업그레이드하고 싶은 독자를 위해 몇 권의 책을 소개한다.

| 그림 14-11 | 머신러닝

데이터 분석을 위한 인공지능 기술에는 크게 두 가지 종류가 있다. 하나는 머신러닝이고 다른 하나는 딥러닝이다. 머신러닝은 1분 데이터와 같이 정형 데이터 분석에 주로 활용하고 딥러닝은 이미지, 텍스트와 같은 비정형 데이터 분석에 주로 활용한다. 알고리즘 트레이딩 분야에서는 머신러닝 기술이 더 적합하다.

시중에 많은 머신러닝 책이 있지만, 이해하기 쉽고 내용의 깊이도 있는 두 권의 책을 소개한다. "파이썬 머신러닝 러닝 완벽 가이드"는 국내 저자가 집필한 책으로, 머신러닝의 기초부터 실무까지 거의 모든 분야를 다루는 책이다. 데이터 분석 분야에 경험이 풍부한 저자의 실무적인 관점을 접할 수 있는 책으로, 머신러닝 입문자에게 추천한다.

다음으로 추천할 책은 "핸즈온 머신러닝"이다. 이 책은 머신러닝의 대표적인 도구인 싸이킷런 개발자가 쓴 책으로, 한 단계 깊은 내용을 다룬다. 머신러닝 알고리즘을 이해하고 활용하는 데 꼭 필요한 지식이 들었다. 초보자보다는 기본적인 내용은 아는 중급자에게 추천한다.

| 그림 14-12 | 시계열 데이터 분석

머신러닝으로 시세 데이티를 분석하다 보면 성능이 잘 나오지 않는다는 느낌을 받을 것이다. 시세 데이터는 시가, 고가, 저가, 종가, 거래량 모두 5개의 변수로 이루어

져 있어 변수의 종류도 작고 외부 환경의 영향을 반영하지 못하기 때문이다.

시세 데이터를 시계열 데이터라 부른다. 데이터가 시간의 흐름에 영향을 많이 받기 때문이다. 시계열 데이터는 과거부터 분석하기 위한 다양한 시도가 있었으며 예측률은 좋지 않다는 결론에 도달한 바 있다. 하지만, 이런 와중에도 성능 향상을 위한 많은 시도가 있었으며 이를 정리한 것이 바로 시계열 데이터 분석 기법이다.

"실전 시계열 분석"은 시계열 데이터 분석에 활용되는 다양한 기법을 쉽게 설명한 책이다. 암호화폐 시세 데이터를 분석할 때 변수를 가공하고 활용하는 데 많은 아이디어를 얻을 수 있다.

| 그림 14-13 | 강화학습

마지막으로 소개할 분야는 강화학습이다. 강화학습은 인공지능 분야에서 가장 어려운 축에 속하지만, 알파고에서 확인했듯이 놀라운 성능을 보여주는 기술이다.

머신러닝과 딥러닝은 결과를 아는 데이터를 학습해서 모델을 만들고 결과를 모르는 데이터가 들어왔을 때 이 모델을 활용해서 결과를 예측하는 방식이다. 하지만, 강화학습은 좀 다른 방식을 취하는데, 에이전트(트레이딩 봇)가 행동했을 때 좋은 영향(수익)을 미치면 플러스 보상을 주고 나쁜 영향(손실)을 주면 마이너스 보상을 주면서 에이전트가 지속적으로 좋은 영향을 주는 행동을 하도록 훈련하는 기술이다.

강화학습을 몇 마디 말로 설명하기는 어렵지만, 한 가지 분명한 것은 트레이딩 봇 또한 강화학습 기술을 사용해서 성능을 개선할 수 있다는 것이다.

강화학습 입문에 좋은 책으로는 "프로그래머를 위한 강화학습"을 추천한다. 시중에 몇몇 강화학습 책이 나와있지만, 인공지능과 수학에 대한 배경지식이 충분하지 않은 프로그래머라도 강화학습을 시작하기 좋은 책이다.

강화학습을 본격적으로 공부하고 싶다면 "단단한 강화학습"을 읽어볼 것을 추천한다. 이 책은 강화학습의 교과서로 불리는 "Reinforcement Learning"을 옮긴 책으로, 강화학습의 핵심 개념을 깊이 있게 설명한다.

이번 장에서는 트레이딩 봇 개선을 위한 다양한 방법을 소개했다. 필자가 제공한 robobytes.py 프로그램은 알고리즘 트레이딩을 이해하는 데 필요한 도구로 생각하면 된다. 이를 끊임없이 개선하고 결과를 모니터링하면서 진짜 수익이 나는 모델로 만들어야 한다. 이때 필요한 방법이 앞서 소개한 내용이다.